中共研究方法論

Methodology of Communist China Studies

李英明／著

孟　樊／策劃

出版緣起

　　社會如同個人，個人的知識涵養如何，正可以表現出他有多少的「文化水平」（大陸的用語）；同理，一個社會到底擁有多少「文化水平」，亦可以從它的組成分子的知識能力上窺知。衆所皆知，經濟蓬勃發展，物質生活改善，並不必然意味這樣的社會在「文化水平」上也跟著成比例的水漲船高，以台灣社會目前在這方面的表現上來看，就是這種說法的最佳實例，正因爲如此，才令有識之士憂心。

　　這便是我們——特別是站在一個出版者的立場——所要擔憂的問題：「經濟的富裕是否也使台灣人民的知識能力隨之提昇了？」答案

恐怕是不太樂觀的。正因爲如此，像《文化手邊册》這樣的叢書才值得出版，也應該受到重視。蓋一個社會的「文化水平」既然可以從其成員的知識能力（廣而言之，還包括文藝涵養）上測知，而決定社會成員的知識能力及文藝涵養兩項至爲重要的因素，厥爲成員亦即民衆的閱讀習慣以及出版（書報雜誌）的質與量，這兩項因素雖互爲影響，但顯然後者實居主動的角色，換言之，一個社會的出版事業發達與否，以及它在出版質量上的成績如何，間接影響到它的「文化水平」的表現。

　　那麼我們要繼續追問的是：我們的出版業究竟繳出了什麼樣的成績單？以圖書出版來講，我們到底出版了那些書？這個問題的答案恐怕如前一樣也不怎麼樂觀。近年來的圖書出版業，受到市場的影響，逐利風氣甚盛，出版量雖然年年爬昇，但出版的品質卻令人操心；有鑑於此，一些出版同業爲了改善出版圖書的品質，進而提昇國人的知識能力，近幾年內前後也陸陸續續推出不少性屬「硬調」的理論叢

書。

　　這些理論叢書的出現，配合國內日益改革與開放的步調，的確令人一新耳目，亦有助於讀書風氣的改善。然而，細察這些「硬調」書籍的出版與流傳，其中存在著不少問題，首先，這些書絕大多數都屬「舶來品」，不是從歐美、日本「進口」，便是自大陸飄洋過海而來，換言之，這些書多半是西書的譯著，要不然就是大陸學者的瀝血結晶。其次，這些書亦多屬「大部頭」著作，雖是經典名著，長篇累牘，則難以卒睹。由於不是國人的著作的關係，便會產生下列三種狀況：其一，譯筆式的行文，讀來頗有不暢之感，增加瞭解上的難度；其二，書中闡述的內容，來自於不同的歷史與文化背景，如果國人對西方（日本、大陸）的背景知識不夠的話，也會使閱讀的困難度增加不少；其三，書的選題不盡然切合本地讀者的需要，自然也難以引起適度的關注。至於長篇累牘的「大部頭」著作，則嚇走了不少原本有心一讀的讀者，更不適合作為提昇國人知識能力的敲

門磚。

　　基於此故，始有《文化手邊冊》叢書出版
之議，希望藉此叢書的出版，能提昇國人的知
識能力，並改善淺薄的讀書風氣，而其初衷即
針對上述諸項缺失而發，一來這些書文字精簡
扼要，每本約在六萬字左右，不對一般讀者形
成龐大的閱讀壓力，期能以言簡意賅的寫作方
式，提綱挈領地將一門知識、一種概念或某一
現象（運動）介紹給國人，打開知識進階的大
門；二來叢書的選題乃依據國人的需要而設計
的，切合本地讀者的胃口，也兼顧到中西不同
背景的差異；三來這些書原則上均由本地學者
專家親自執筆，可避免譯筆的詰屈聱牙，文字
通曉流暢，可讀性高。更因為它以手冊型的小
開本方式推出，便於攜帶，可當案頭書讀，可
當床頭書看，亦可隨手攜帶瀏覽。從另一方面
看，《文化手邊冊》可以視為某類型的專業辭典
或百科全書式的分冊導讀。

　　我們不諱言這套集結國人心血結晶的叢書
本身所具備的使命感，企盼不管是有心還是無

心的讀者，都能來「一親她的芳澤」，進而藉此
提昇台灣社會的「文化水平」，在經濟長足發展
之餘，在生活條件改善之餘，在國民所得逐日
提高之餘，能因國人「文化水平」的提高，而
洗雪洋人對我們「富裕的貧窮」及「貪婪之島」
之譏。無論如何，《文化手邊册》是屬於你和我
的。

孟　樊

一九九三年二月於台北

自 序

　　這本小書是繼《中國大陸學》之後的另一
本著作，主要著重對西方尤其是美國的中國大
陸研究典範的反省與探討，然後在這個基礎
上，探討諸如「國家／社會」、「中央／地方」
等研究途徑。

　　從八〇年代以來，美國的中國大陸研究，
雖然進入更爲熱絡的科際整合的階段，但同時
也發展成爲一門相對於其它學科而具有特性和
自主性的學科。我們不再能從其它學科的附庸
來看待中國大陸研究領域。

　　隨著中國大陸發展的變局，美國的中國大
陸研究領域，不斷在方法論層次上進行反思，

以尋求突破與進步，這是值得我們學習之處。

　　希望這本小書能產生「他山之石可以攻錯」的效應，對我們反思自己的中國大陸研究經驗和成果能有所助益。此書疏漏之處，祈請各界先進惠予批評，最後非常感謝溫洽溢先生幫忙整理這本書的文稿，並且對揚智文化事業股份有限公司願意出版此書表示誠摯謝意。

李英明

序於木柵

一九九六年三月十日

目　錄

第一章
導　論

一、西方中共研究發展的沿革
　　　及研究模式的特點

　　若是從世代交替的角度來觀察，西方、特別是以美國為主的中共研究領域，其研究典範總體發展的趨勢主要歷經四個階段的變革：(1)從中共建政開始至文革前，主要的研究典範是「極權主義」(totalitarianism) 模式；我們又可將這種「極權主義」模式稱為「古典制度主義」(classical institutionalism)；(2)從文革期間至毛澤東過世，則是以「多元主義」(plural-

ism）模式爲主；(3)一九七八年中共開始逐步
實施改革開放政策，直到一九八九年天安門事
件爆發這十年的經改期間，則是以所謂的「結
構議」（structuralism）爲主要的研究取向。(4)
天安門事件爆發，中共對民主運動加以鎮壓，
爲因應中國大陸新的政治變局，西方中共研究
領域的主流模式也隨著從「結構主義」過渡到
「後結構主義」（post-structuralism）❶。

(一)極權主義模式

　　「極權主義」模式研究典範的特質主要在
於，它是一種掏空社會情境之國家主義研究導
向，是一種抽離人民群衆變數的精英主義論述
模式。質言之,「極權主義」模式完全忽略經濟
力、社會力的影響作用，而去彰顯政治的首要
性，所以「極權主義」是一種強調所謂「政治
掛帥」的研究取向。

　　「極權主義」模式代表了西方學界在此一
階段的中共研究特質，其一元化、一元論、一
元主義的研究取向，稀釋了存在於中國大陸這

塊土地上之異質性的區域特點；淡化了中央與
地方，以及不同官僚組織間不同的運作模式的
差異。把中國大陸視爲鐵板一塊，從「全國一
盤棋」的組合模式來進行研究。這段期間西方
中共研究學界關心的議題主要有：第一、共產
主義政權的本質爲何，共產主義政權是如何建
構國家機器與黨機器？而國家機器與黨機器彼
此的組織要素爲何？兩者是如何進行互動？另
一方面，學界也汲取派深思（Parsons）的「社
會系統理論」，將意識型態的結構功能角色視
爲是一種社會體系整合的黏合劑。因此，研究
者會進一步去追問馬列主義毛澤東思想與黨國
機器之間的制度性關聯和關係。總之，立足於
結構面向和意識型態面向，「極權主義」模式所
要探討的主題在於：共產主義新政權之黨國官
僚組織結構及其具體的組成要素，以及意識型
態與官僚組織的關聯性。其次，極權主義模式
的一元化總體研究傾向，往往將複雜之中國文
化要素化約成單一整體，並以儒家文化作爲此
單一整體之表徵；而當傳統中國之儒家文化的

結構功能角色被認爲讓位於外來的馬列主義革命思想時，研究者就紛紛追究馬列主義革命思想對中國整體政治發展的衝擊？以及以馬列主義之革命思想爲基礎的共產政權，對古老的中國又帶來何種的影響？

(二)多元主義模式

　　多元主義研究模式一反極權主義模式的特點，避免涉及國家、政黨的運作模式，而直接論述群衆、社會集團的角色。多元主義的基本假設認爲，中共政治精英雖然具有意識型態的相同性，但是並無路線、政策偏好的一致性。另一方面，多元主義認爲，中共的政治控制並非如極權模式所想像的，國家機器、黨機器可以對社會進行無遠弗屆的滲透；相反地，多元主義模式認爲精英集團之間的衝突，社會力量的自主性制約著國家機器、黨機器的滲透能力。因此，多元主義模式往往從派系、非正式團體、利益團體等角度觀察研究中共的政治發展。在此一階段，美國的中共研究領域也從正

式的官僚組織，轉移到非正式集團的研究方向
❷。

　　多元主義研究典範的興起，主要是因應中
國大陸文化大革命爆發的變局。紅衛兵運動的
產生，導因於中共領導精英之間存在著激烈的
矛盾，而這種矛盾則是反映在當時鮮明的政治
經濟政策的對立，並且通過群眾運動進行路線
的對抗與權力鬥爭中。由此可以觀察到群眾、
非正式團體在中共政治運作過程中的角色，而
群眾也被提升至與精英階層同等的角色和地
位。換言之，多元主義已從正式的官僚組織之
外，去探究非正式組織在中共政治生活中的影
響力。另一方面，正因為多元主義的關注焦點
不在於中共正式的官僚組織生態，轉而研究社
會群眾的非正式影響力，而帶動了學者研究中
國大陸社會的風氣。因此擺脫極權主義模式政
治掛帥的取向，在這一時期對中國大陸社會之
研究的風氣開始浮現。

　　值得注意的是，美國學界在此一階段的中
共研究，已經採取科際整合的研究途徑，開始

將社會科學如政治學、社會學等研究概念應用
在中共研究領域。但是，這一階段的研究，保
有濃厚的行為主義色彩；在行為科學的導引
下，研究學者往往將政治視為「政治精英之間
利益與權力衝突下的產物」，亦或者把政治理
解成「非正式集團與社會集團權力與利益衝突
下的產物」。除了研究方法論上的侷限之外，這
一時期的中共研究仍然存在先天客觀條件的限
制。一方面，當時中國大陸仍處於鎖國階段，
西方學界獲取一手的資訊資料不易，難以對中
國大陸的發展進行細緻的分析；另一方面，與
前述事實有關的，美國的中共研究領域則仍處
於「毛中心主義」的研究氛圍中。因此，有關
中國大陸經濟、文教、以及人類學等項目之研
究並不可得。即使有，也只是在「毛中心主義」
的化約論範疇中從事分析，所得的結果，如對
毛澤東經濟思想的研究，從毛澤東的思想分析
中共對知識份子的迫害等等，不免帶有化約
論、決定論的胎記。多元主義研究模式的興起，
可以視為第一階段極權主義模式之「西方中心

主義」、與親左派反越戰學者（如關懷亞洲學者委員會）之「中國中心主義」間流派對抗的延續。

(三)結構主義

多元主義的研究取向是針對文化大革命的研究，它反映了毛澤東民粹主義（Populism）的現實，因此多元主義的詮釋路徑主要是符合毛澤東的民粹主義，而以西方行為主義的方式表現出來。為了糾正出這種現實傾向，第三代美國的中共研究者回歸到新制度主義（結構主義）的方向來。

美國第三代的中共研究學者普遍認為，第二代的中共研究模式基本上是作為行為主義科學的附庸而存在，是行為主義科學的化身。這是因為第二代的中共研究學者捨棄中共官僚體系的正式結構組織，轉而關注精英集團的派系鬥爭和利益團體的行為模式。就第三代學者的觀點，著重於精英或者利益集團行為模式的研究，仍然是一種準客體主義的研究模式，這種

化約式的研究取向並無法真切地理解中共的政
治發展。就結構主義者看來，不管是正式官僚
組織中的幹部、或者是非正式派系、集團內的
成員，對所追求的利益、目標的認知，都是受
到其所屬之制度情境和脈絡環境之制約而形成
的；基於此，不管是官僚幹部或派系集團才能
進一步作出選擇的行動。準此而言，結構主義
認為，第二代學者的研究是抽象的，其研究成
果是不符合中共政治發展的現實。同樣的，第
一代的整體主義研究路向也是一種化約的、簡
化的客觀主義道路；只能看到籠統的、概括式
的制度或結構的存在，而無法觀察到制度或結
構中既存團體、甚至個別人物的選擇和行為，
是會受到制度或結構的限制。

　　美國中共研究之結構主義的勃興，主要是
受到史卡奇波 (Theda Skocpol) 等人所謂「把
國家找回來」(bringing the state back in)
口號的影響。但是對國家自主性的強調，並非
回歸到古典極權主義的道路；因為古典極權主
義幾乎把人的利益表達，權力動機的表現、選

擇的行為模式等解消，而將人理解成客觀官僚
結構宰制下的被動存在。所以極權主義模式只
是一種天真的、抽象的古典制度主義。雖然新
制度主義突顯出多元主義方法論上的盲點，但
是它並不反對強調在中共政治生活中人或集團
對利益和權力追求這種變數的重要性。只是新
制度主義者認為，關於這類議題是應該從結構
機制的角度去進行詮釋。就此而言，結構主義
或者新制度主義是對極權主義和多元主義兩種
研究取向的調和與揚棄❸。

(四)後結構主義

　　當美國的中共研究領域進入了第三個階
段，美國的中共研究性質也發生了變化。在第
三階段，美國的中共研究逐漸擺脫作為其它社
會人文科學的附庸地位，成為一門真正獨立的
「中國學」學術研究領域。一方面，學者對於
行為學派之科學主義進行深刻的反省和批判，
並予以重建。另一方面，中國大陸相對的開放，
也使研究者得以進行田野調查，甚至親自進入

正式宮僚組織內部從事研究。與第一、二階段
的外在主義研究方式有別，在此一階段的學者
認爲他們所採取的是一種內在主義的研究，即
研究者是置身於具體的研究情境中去進行分析
研究。通過內在主義的研究方法，學者得以將
抽象的概念與具體意涵的經驗現象結合起來。
如此一來，可以避免墮入客觀主義的秘思
（myth），同時也不至於淪爲主觀的臆測。

　　但是到了八〇年代末期，中國大陸政治局
勢的發展進入另一階段，相應地美國的中共研
究也遭逢瓶頸，面臨必須轉型的時刻。特別是，
天安門事件的爆發，中共對學生民主運動的血
腥鎮壓；結構主義研究典範卻無能對中共決策
作出解釋和預測，這對結構主義研究典範而
言，無疑是一種嚴重的撞擊和考驗。然而從另
一個角度而言，此時美國的中共研究領域，正
處於世代交替的動態時期。除了老一輩的研究
者因年紀大退休而空出許多職位外，八〇年代
許多華裔的研究學者擠入美國的中共研究領域
內，並且與美國的主流爭奪中共研究的發言權

和主導權；這是此一階段美國中共研究領域令人矚目的特色。另一方面，因為中共的改革開放，美國的基金會也較願意提供資金支持華裔學者的中共研究，因此美國本土學者的中共研究卻面臨研究經費的相對匱乏，並且相關研究領域的職位，也多為華裔學者所據有。總而言之，在此一階段美國的中共研究領域，不僅面臨世代交替的轉型時刻；另一方面，美國之中共研究領域的生態，同樣開始起了變化。

二、五、六〇年代美國的　中共研究之成果與侷限

一九五〇年代期間，美國之中共研究領域是處在相對空白時期。主要的原因是：首先，在冷戰期間東西對峙的緊張狀態下，對中共的研究容易被視為中共的同情者、或者是共產黨的同路人，因而不敢貿然投身走進中共研究的領域中；其次，一九五〇年代，在中共研究領域中也缺乏龐大的資金，以及可靠的資料來

源，同時相關的研究人才更是缺如。到了一九
六○年代，美國才出現第一批中共研究學者。
這是因為到了一九六○年代，美國的高等教育
歷經十年的發展，獲致豐碩的成果，有關中共
研究的課題紛紛相繼受到重視。另一方面，由
於一九五八年美國國防教育法案的通過，以及
福特基金會的解囊贊助，使得大學的研究機構
如雨後春筍般的出現解決了資金窘迫的困境。
例如，在英國出版之中共研究的權威刊物《中
國季刊》(*The China Quarterly*)，就是由美國
資金贊助而出版的。此外，有關中共資訊獲取
的管道，也相對的增加，部份解決了相關研究
資訊不足的問題。一九六○年代，雖然美國的
學者無法獲致有關中共官僚組織單位的細部出
版品，但是中共研究學者依舊仿效美國學界對
克里姆林宮官方出版品的分析方法，對中共官
方所公佈的有限出版品進行內容分析。另一方
面，中共研究學者也通過文革期間逃離到香港
的中國大陸難民作直接的訪談，而獲得有關中
共政治發展的口述資料。

　　儘管此時中共研究學者排除困難克服先天環境的缺陷進行研究工作，但是所得到的研究成果仍不免存在概括性和高度抽象化的缺點。這是因為此刻的研究典範專注於對官僚組織、制度進行總體性的概括研究，結果不免見樹不見林而流於形式主義；無視具體官僚組織及制度結構運作模式的特質，以及具體的政策是如何被制定和執行的。這段期間雖然偶有對廣東、福建等省份從事區域性的研究，但是這些學者往往欲以偏概全，以區域性的研究結果去推演中國大陸的整體圖象。

　　其次在中共閉關鎖國，資訊來源相對匱乏的情形下，研究者只能在隔離的情境之下從事研究工作，因此學者的研究往往呈現出「外在主義」的角度和面向；其中不是流於直覺式、描述性的詮釋，就是將中共視為蘇聯共產主義的另一實踐，或者法西斯主義的化身。無可諱言的，在這一階段的研究，學者對中共政治的批判，往往是為了迎合政治、政策的需要，是站在冷戰期間東西對抗的基本前題下所作的研

究。準此而言，在這一階段為政治和政策辯護
的中共研究，其實具有高度政治教育意涵，以
及對群眾社會教育的作用。因此從學術氛圍的
角度來看，在此一階段美國的中共研究領域只
是處於戰後的萌芽時期，並未創造出豐碩的研
究成果；另一方面，不少流於政治教育社會教
育形式的研究，其結果更是難以獲得嚴格的學
術意義。持平而論，這一時期美國的中共研究，
既無法達到歷史比較研究的水平，更沒有對中
共研究進行概念化（conceptize）工作的能力。

註　釋

❶David Shambaugh ed., *American Studies of Contemporary China,* Woodrow Wilson Center Press, 1993, pp.14～35.

❷Ibid., pp.121～122.

❸Ibid., pp.124～125.

第二章
美國的中共政治研究

一、極權主義模式

　　五〇年代至六〇年代文革爆發前，美國的中共政治研究是在極權主義模式引導下進行研究的。

　　極權模式的基本假設有二：

　㈠極權主義模式認爲中共的領導精英階層是團結一致，沒有意見或者路線的矛盾及衝突。

　㈡中共以此團結一致的領導精英去控制黨國機器，進而動員群衆以完成革命的目標。

　　與其說極權主義典範是一種嚴格的理論、
模型、或典範的建構，倒不如說是人們對於納
粹主義、史達林主義經驗的具體化和系統化。
因此，極權主義模式並非是一種抽象的理論建
構，而是對納粹主義和史達林主義經驗的總
結。從知識社會學的角度來看，極權主義典範
是具有現實的存有基礎，這種存有基礎是因著
西方或共黨國家的歷史的發展而出現了詮釋現
象的侷限性，然而這種侷限性則是歷史的必
然。因此極權主義典範解釋力的薄弱，是不能
從嚴格的理論模式之建構邏輯的角度去進行批
評，而必須從極權主義模式建構者之現實的存
有基礎聯繫關係去上理解它。

　　在極權主義模式的引導下，人們對於包括
中共在內的共黨國家抱持著相當化約的想像，
亦即人們通過對法西斯主義、史達林主義具體
化與系統化的作法，將其總體經驗圖象化約成
對所有共黨國家的認知。在此種化約的圖象
中，黨國機器幾乎取代了社會，社會被解消在
國家機器之中。國家機器與社會的重疊，在政

治空間中，凸顯出共產國家黨國不分或黨國一
體化的現象；而在經濟領域方面，則是上層建
築幾乎完全取代（取消）經濟基礎。結果，黨
國機器中的高層精英可以壟斷或主導共黨國家
政治經濟的運作。

　　就中共研究的領域而言，此時因為受限於
中國大陸之閉關鎖國以及資料資訊的取得不
易，研究者往往將中共的領導精英視為是鐵板
一塊，並通過對中共黨國官僚機構的研究，而
去推論中共精英的政治行為模式。因此，此一
階段的研究者只是停留在對共黨國家官僚機器
特質的描述，所重視的是形式上的結構組織及
其功能；並將中共的意識型態視為是一套已經
被建制化的實體，而附著於黨國機器的運作過
程之內。

　　但是文化大革命的爆發，完全暴露出極權
主義典範解釋力、分析效度的薄弱與不足。因
為文化大革命的爆發與激化，顯示中共高層政
治精英之間存在衝突與張力，並且有著明顯政
策路線的分歧與對立。其次，從文革期間大量

的階級鬥爭與群衆運動現象亦可得知，中共的
政治運作不完全是以精英爲主，群衆也在中共
的政治生活扮演重要的政治角色。因此群衆之
政治角色的作用與影響力的突出，顯示中共的
精英並非如極權主義所描繪的圖象，是可以那
麼有效且絕對地控制社會大衆；社會大衆或社
會團體擁有自身的政治角色。更重要的是，在
群衆自身之間也充滿了衝突和對立。文化大革
命的爆發很殘酷地衝擊西方、特別是美國的研
究學者，讓他們理解到中共政治精英並非是團
結一致的組合；同樣地，中國大陸社會也並非
是鐵板一塊。換言之，不管是中共的領導精英、
或者是社會的群衆，彼此充斥著衝突矛盾以及
不同的張力。認淸此一現實之後，西方的中共
研究也從極權主義的一元論政治觀，邁入多元
主義的研究典範。

　　從極權主義研究模式的發展軌跡來看，西
方、尤其是美國對中共研究典範的轉變，跟他
們對共黨國家研究典範的轉移，其實是有著相
當緊密的關聯性。亦即西方世界對東歐、蘇聯

等共黨國家研究典範的轉變，相應地反映在中
共研究典範從極權主義過渡到多元主義和結構
主義的發展軌道。因此要對西方世界中共研究
典範之轉變的理解，就不應只侷限在中共研究
的向度上；中共研究典範嬗變所具有的意義，
應該被放到西方國家、特別是美國對共黨國家
研究典範的脈絡中來理解。這種對東歐、蘇聯
與中共研究典範的轉折，都有相同的發展軌跡
可尋，同時也反映了一個現實：那就是共黨國
家的發展，雖然具有各自的特色，但是也表現
出普遍性的意涵，具有可以被掌握的共同軌
跡。

二、多元主義的政治觀

　　不同於極權主義的一元論、總體性的政治
觀，多元主義研究典範所強調的是精英之間的
衝突和矛盾，並肯定社會群眾的政治角色和政
治作用。也因為政治精英和社會群眾彼此間的

權力鬥爭是發生在正式的官僚組織之外，不同
於極權主義模式對正式官僚結構機制的描述和
側重，多元主義轉而關注非正式團體和非正式
途徑所形成之權力網絡，以及這種非正式權力
網絡的政治角色和作用。在此一階段中，西方
中共研究學界有關派系研究途徑、利益團體研
究途徑、非正式團體研究途徑等因應而起，標
示著西方中共研究典範的轉移❶。

三、結構主義典範

㈠結構主義典範的特質

多元主義模式發展之初，無非是要賦與社
會群眾與政治精英同等的政治角色；這類的觀
點與文革時期毛澤東對民粹主義的強調，其實
是並行不悖、相互一致的。換言之，多元主義
典範是因應文革期間所走之民粹主義的現勢而
形成的。但是多元主義的發展結果卻走上取消

國家精英及官僚組織的面向。這類的發展趨勢引來中共研究學者的反動，後毛澤東時代中共研究的領域進入了結構主義、亦即新制度主義方向上來。結構主義是在「把國家與官僚組織找回來」的口號下出現，故有人將結構主義稱之爲「新國家主義」（Neo-statism）或「新官僚主義」的研究取向。

但是結構主義並非是對多元主義簡單的否定，它是調和或綜合古典的國家主義與多元主義的典範，其原因主要如下：

第一、結構主義承認精英的意見與利益，承認團體的意見在中共政治運作過程中角色的重要性；

第二、但是結構主義認爲，在中共政治運作的過程中，並非精英或團體的利益影響中共政策的制定與執行，以及影響中共官僚組織的重組。

結構主義者認爲，精英與團體的政治觀點、立場、主張、利益的形成和選擇，並非是無中生有的，它們是在一定的黨國官僚結構所

形成之權威脈絡中被推演出來的。結構主義所
強調的並非是僵化固定之官僚組織的建制和結
構，以及其對精英和團體的影響；相反地，結
構主義重視以這些建制化的官僚組織爲基礎，
在歷史發展過程所形塑之權威網絡對人的影
響。

　　因此結構主義所表達出來的主要意涵，在
於精英和團體是在一定的權威背景下，才知道
他們應該提出何種利益，建構什麼樣的利益。
新制度主義認爲，中共的政策制定和政策執行
並不會反映特定的精英或團體的利益和觀點；
因爲政策的制定與執行其實是一個相當複雜、
必需經過繁瑣的討價還價之後形成共識，才得
以完成的過程。結構主義彰顯多元主義模式的
多元政治觀。新制度主義者強調政策的制定與
執行，是以當下即是之權威與背景作爲基礎，
故政策的制定與執行都不會是單純反映特定精
英或團體的利益與觀點。因此我們不能將新制
度主義視爲是對多元主義的簡單否定；同樣
地，新制度主義亦非不經反省地對古典國家主

義的繼承。

　　結構主義典範的形成並非是一蹴可幾的，直到八○年代中期，才有相關的著作出現；換言之，結構主義典範其實是經歷了毛澤東的過世，一直到一九八○年代中期的過渡轉折時刻。而結構主義的轉折與出現，與後毛澤東時代、尤其是一九八○年代以來，中共通過改革開放的政策，試圖將毛澤東民粹主義的群眾路線導向制度化、建制化方向的努力，有著相當密切的關聯。

㈡結構主義的論述議題

　　綜合結構主義研究取向的論述，有關中共政治領域方面的議題主要集中在下列幾個向度：(1)政策的制定與執行；(2)國家與社會的關係；(3)政治的參與；(4)中共中央與地方關係❷。

(1)政策的制定與執行

　　關於中共的政策是如何制定、如何執行等問題，是中共研究領域中重要的組成部份；

Lampton、Oksenberg、Lieberthal三人便是從結構主義的觀點來談中共政策的制定與執行。

　　Lampton、Oksenberg和Lieberthal三人即認爲，中共建政之後遵循列寧主義政黨及蘇維埃模式的黨國官僚組織的運作，在中共官僚組織內部產生了分散型的權威結構。黨產生了自然分工與自然分化，已使文革前中共中央由上往下一條鞭的操作和控制成爲不可能。在這種分散型的權威結構下，任何決策的制定都要從在上至下、一層層討價還價的過程中進行；任何一種特殊的觀點，都會遭到不斷的修改、變化和調整；在政策制定之後、在政策執行之時，政策同樣會遭受到修正、改變和調整。這即是一般人所謂的「上有政策，下有對策」的現象。Oksenberg認爲，此種現象的存在由來已久，因爲這種現象反映了中共權威結構分散型的特性。Oksenberg和Lampton二人的觀點認爲，後毛澤東時代中共的改革開放之所以可能，正是因爲中國大陸的組織結構早已呈現出這種分散化的結構，分散化的權威結構使中共

的改革開放成爲可能。準此觀之，中共的改革
開放只不過是將這種分散化的權威結構予以建
制化、制度化，並被確立下來而已。因此，Ok-
senberg和Lampton二人認爲，(1)從極權主義
的模式來觀察中共的政治運作，是無法獲致眞
確的圖象；(2)把中共的政治運作視爲是某些政
治精英或政治集團之利益或意見的直接反映，
這也是不正確的。因爲中共的政治體系作爲一
種分散型、分化型的權威結構，其政策的制定
與執行不會是某些特定之精英或團體意見或利
益的直接表達；(3)中共政治發展總的方向是朝
向分散型的權威結構，但是在不同型態之權威
分散化的背景之下，中共政策的制定與執行各
有其階段性的特色。由此觀之，Oksenberg和
Lampton的結構主義是以歷史主義爲其論述
的基礎，他們所強調的是，處於不同的階段中
共的分散化權威結構會有不同的特色，會以不
同的型態表現出來❸。

(2)國家與社會的關係

　　Vivienne Shue在 *The Reach of the*

*State: Sketches of the Chinese Body Poli-tics*一書中從論述中共農民與國家機器之間的關係 ❹，不僅對集權主義、多元主義模式進行批判，同時也開啓「國家與社會」研究取向的風氣。Shue這本書的論述重點主要在於，她認爲中共建政之後直到一九五七年以前，中共雖然採行蘇聯模式的道路，但是中共並無法克服傳統以來中國地方本位主義（localism）的發展。通過毛澤東在大躍進與文革期間的權力下放、特別是人民公社制度的建立，中國大陸成爲一種蜂窩狀的組織結構，不僅讓中國地方主義的傳統得以復甦；並且更賦與人民公社在過去中國地方主義傳統所沒有的功能，使人民公社成爲一種具工、農、商、學、兵等功能之獨立自主、自立更生的整全式組織機制。

　　準此，中國大陸的人民公社成爲一種超脫中共之外，以具有自我防衛機制、在政治經濟上相對獨立、並具有排他性角色的組合，在這種結構條件的制約之下，公社的幹部則是必需扮演維護公社的利益，以及與上層領導折衝樽

俎的角色。這種地方幹部變成類似中國傳統的
地方士紳。此時來自上層或中央政策或命令，
就會出現七折八扣的現象。從Shue的分析論述
可以得知，她所理解的建政之後的中共組織結
構，亦非如極權主義所描述的是鐵板一塊，毛
澤東並無法抗拒分散型的權威結構，而是讓它
更進一步的發展。不過，Shue的觀點與Oksen-
berg的並不相同。Shue認為，中共為了導正蜂
窩狀的組織結構，讓國家的權力能夠滲透到農
村社會，因此通過改革開放政策讓國家所導引
之商業網絡，穿透結構的張力直接到達中國大
陸的農村底層。所以中共改革開放發展到最後
強調要走市場化的方向，根據Shue的推論，市
場化之改革政策的選擇，無非是藉由統一市場
的建立，以消弭因為地方主義所形成之財政、
經濟、原料市場之壁壘。因此Shue認為，改革
開放政策最重要的課題在於，統一中國大陸財
政、經濟、原料市場，進而打破地方主義的壁
壘。由此觀之，在某種意義上中共的改革是在
重新建立國家機器的權威。因為中共的改革開

放，其實涉及到中共與地方之間權力的收放與權威的爭奪。

　　Shue的論述模式雖然開風氣之先，建立了一種新的研究典範，但是亦不免受到學界的批判。Jean Oi在 *Peasant and State in Contemporary China* 一書即認為，她同意「中共建政之後是一個分散型的權威結構」這一觀點，但是她認為在人民公社裡，公社幹部並非扮演悍衛公社或地方利益的角色。在公社幹部與一般農民之間，仍然存在著主人與附庸的依賴關係，這種依賴關係得以使地方幹部對農民進行剩餘價值的剝削❺。儘管如此，Shue和Oi二人的著作都是從結構主義的角度去分析中共，她們認為中共建政之後即已呈現出分散化權威結構的現象，而且此種權威結構在不同的階段有不同的面貌；在不同形式的規範下，農村幹部會表現出不同的行為模式，農民與地方幹部之間也會有不同的互動關係。Shue和Oi二人的研究分析告訴我們，中共的農村政策，都是在中央與地方精英通過不同階段之權威背景（脈

絡、情境）中討價還價互動的結果。

⑶政治的參與

從結構主義面向談中共政治參與的分析研究，主要是以AndrewG.Walder的*Communist Neo-Traditionalism: Work and Authority in Chinese Industry*一書爲代表。Walder在此一書中試圖處理國有企業內部工人之政治行爲與政治參與等問題❻。

Walder認爲，中共建政之後通過集體化與國有化的過程，將城市大部份的居民納入企業體的組織架構中，並使企業具有工、農、商、學、兵、醫等角色，擁有大而全、小而全之全面的社會經濟福利等功能，而城市的居民則成爲依賴企業組織之被動性的個體。換言之，中共的國營企業讓城市居民的生活、生命完全附著於企業組織之下，依附企業體的發展。

Walder進一步指出，中共通過這種組織方式，防止城市居民從事有組織的政治行爲表達利益、或者進行政治性的活動。改革開放之後，中共讓企業從政治實體轉變成一種經濟實體；

但是企業改革，並未改變工人附著於企業體之
下的依賴關係。

　　從Walder的分析可以理解，企業改革是讓
工人覺得依附在企業體之下是更合理的、更安
穩的、是生命和生活最佳的選擇。準此言之，
中共的改革基本上無意去觸動或改變工人依附
企業組織的寄生關係，所以中共的改革其實含
有濃厚政治邏輯的思量。

　　中共讓國有企業組織跨越經濟範疇的藩
籬，背負社會和政治的功能，因此國有企業的
榮枯成為中共穩定政治發展的重要堡壘和根據
地。而改革開放以來，國有企業改革的重要性
及困難度，其根本的原因亦在於此。Walder從
結構主義的分析向度告訴我們，在中共此種政
治邏輯的考量下，黨國中共賦予企業體的功能
和角色，工人與企業體之間的互動關係就在此
權威結構之下被型塑出來。

⑷中共中央與地方關係

　　就方法論的面向而言，近來有關中共中央
與地方關係議題的興起，主要是因為：在行為

科學的影響下，對中共的研究往往忽略了制度
和結構的面向，甚至走上反制度的方向。另一
方面，在古典制度主義的影響下，對中共政治
的研究又只是歸結到黨國中央機器的研究；在
古典制度主義的研究取向影響下，國家成爲一
個曖昧不明的概念，甚至幾乎把國家等同於中
共中央黨國機器，而對中共中央與地方間的互
動關係和過程的理解、中央與地方的政策制
定、以及這類關係對中共政治發展的影響，幾
乎都無法處理。

　　八〇年代以來，西方學界出現「中國中心
主義」的呼聲，主張不能用西方行爲科學、西
方中心取向套用在中共研究上，要以中國內在
的政治、經濟機制去理解中國的歷史，以及從
中共的中央與地方長期的互動關係去理解中共
政治經濟的發展。

　　有關中共中央與地方關係的互動，目前西
方的研究取向主要在於下列三個向度❼。

⑷文化向度

　　文化研究向度認爲，中共建政之後，中央

與地方關係的變化，是在中國傳統的大一統價
值觀，以及各地以不同形式而存在的區域主義
和地方主義的衝撞互動下表現出來的。文化研
究向度的主要關鍵處於，討論中央與地方價值
衝撞，而其中往往預設了國家整合理論，企圖
從國家整合理論的角度去研究中央與地方關係
的互動。

　　但是問題在於，文化本身很難被賦與經驗
的意涵，各種不同的文化指標亦會遭逢同樣的
難題。況且中央對不同的地方有不同的態度，
反之不同地方對於中央則有不同的相應方式；
亦即黨國中央機器對待不同的地方有著不同的
價值標準，反之不同地方對中央亦然。因此很
難從一體通用的文化指標或範疇解釋中央與地
方關係。總之，以文化向度去研究中央與地方
的互動關係時，如何能提出一體通用的文化範
疇？如何兼顧中央與地方價值態度差異等問
題？對於文化研究取向而言，是一個相當複雜
的挑戰。

⒝結構向度

此種研究取向認為，中央與地方的互動是通過存在於中央與地方之間的權威運作結構（制度）為基礎的。因此，研究者往往是分門別類地研究中央與地方的財政預算、人事問題、能源、教育等政策制定的討價還價過程，並且認為此種過程都是在不同階段之權威結構脈絡中進行的。

但是結構研究向度的難題主要在於，中央與地方關於政策制定的討價還價過程，很難具體呈現出經驗的意涵。而且多數學者認為，若是仔細推敲結構向度的分析邏輯可以發現，結構向度雖然強調制度（institution）、結構（structure）的作用，但是分析到最後，中共中央與地方關係的互動仍然歸結到文化、價值等因素的影響。例如，改革開放以來，中共中央委員會的組織成員中軍人比例的不斷提高，多數人認為這是因為軍人政治角色提升所造成的現象；但是研究的結果卻可以發現，中央委員會中軍人比例的逐漸升高，這主要是因為在

中國人的政治酬庸傳統下所形成的一種獨特現
象。換言之，結構研究取向不僅要面對經驗主
義的批判（即結構很難具有經驗的意涵），更重
要的是，結構研究取向同時面臨文化向度的挑
戰。

㈢過程（process）向度

過程（或程度）向度的研究取向是從結構
向度進一步演化而來的，過程向度的研究取向
是以結構向度為母體，但是又通過對結構向度
的揚棄而形成的。

過程向度研究取向認為，中國大陸中央與
地方的關係，基本上是取決於中央與地方之間
的制度、官僚體系、組織、以及權威的運作模
式；除此之外；更重要的是中央與地方彼此之
間環繞著種種的「議題」（issue），為了達成共
識所提出的政策性或策略性的反應和選擇。通
過對此種達成議題共識之過程的理解，才能真
實地反映出中央與地方關係的互動。

過程向度研究取向認為，此種過程不可能
從制度面向或權威面向去獲知，而是要從中央

與地方之間就某一個議題進行攻防、進行討價
還價的過程中表現出來。因此就過程向度而
言，權威性的制度和關係只是一種浮面的表
徵，達成議題之共識的過程或程序才是問題關
鍵之所在，而且唯有通過對此一過程的理解才
能獲得中央與地方關係互動的實際面貌。

　　有關中國大陸中央與地方關係的研究取向
主要包括上述三種研究向度，另外對中共中央
與地方關係的探討，主要有以下幾個重要議
題：

(1)地方主義、區域主義與中國傳統大一統觀念
　　的相互撞擊與影響。

(2)中央與地方之間人事權的討價還價，以及訊
　　息溝通管道的運作等問題。

　　但是值得省思的是，把中央與地方關係歸
結為政治權力關係的演變，它並不必然反映政
策制定過程中中央與地方實際的互動關係。因
此不能將中央與地方之間的政治關係，完全歸
結為人事問題的爭奪。亦即中央與地方之間人
事問題的爭論，並不等於政策制定的互動關

係，也不等於總體的政策權力關係。關於中共中央與地方關係的研究議題，許多研究者往往將人事問題歸結爲中央與地方關係變化的政治風向球，甚至把人事問題當成是中央與地方關係的重要指標、或中央與地方之間政策運作的具體象徵，以上這種種觀點都是相當化約的詮釋方式。

　　另外，有些研究者從溝通管理運作的角度研究中央與地方關係。例如，中共爲了制定一個政策，必需從地方去蒐集資訊、資料，並且由地方指派人員至中央參與會議，甚至有些時候中央還必需到地方蹲點作研究，這些都是中央與地方之間訊息溝通管道運作的模式。就某些人而言，這種運作模式才是理解中共中央與地方關係互動的主要關鍵。著重於從資訊管道的流通面向研究中央與地方關係互動的學者，特別注意中共每五年的經濟計劃、如八五計劃或九五計劃。因爲每當中共制定經濟計劃時，中央的計劃機關與黨國機器就必需由上至下，從條塊之間的管道去蒐集區域的相關資料與資

訊；而由地方派駐在北京的代表則必需針對計
劃的內容與計劃機關和黨國機器進行討價還
價。

　　另外也有學者從資源分配的角度，分析中
共中央與地方關係的互動。這方面研究所關注
的焦點，主要在於財政預算的分配，如中央對
地方的財政補助、地方如何爭取中央的財政補
助。其它諸如能源、資源等分配問題，亦是學
者重視的相關研究領域。但是值得注意的是，
進行研究時不應該將上述的問題當成是中央與
地方政治權力關係具體的、總體的反映，或者
是中央與地方關係間總體政策的表現和象徵。
因為像這類的邏輯推演，無疑簡化了中共中央
與地方關係互動的複雜性。

　　總而言之，有關中共中央與地方互動關係
此一論題，不管是從那個向度來進行研究，都
很難反映出中央與地方之間政治權力關係的總
體圖象，以及整全的政策趨勢。因此有關中共
中央與地方關係的探討，目前仍是一個正在發
展、正在不斷突破過去盲點與極限的重要課

題。

四、天安門事件對美國的
　　中共研究之衝擊

　　一九八九年中共以武力鎮壓天安門前的民主運動，不僅引起世人對中共十年改革開放成果的重新評價，同時也帶動西方學界對於過去中共研究典範的反思。天安門事件的爆發對西方、特別是美國爲主之中共研究的衝擊，主要表現在下列三個研究領域：(1)有關國家與社會問題的探討；(2)有關政策制定的論題；以及(3)對結構主義的反思。

㈠國家與社會的論述

　　研究者發現，在天安門事件的發展過程中，有許多的企業工人加入民主運動的行列，如此一來產生了一個問題，即工人與其所屬之企業單位的關係爲何？因而根據過去的理解，城市的居民是被安置在各種企業體與官僚機構

的組織中，而成為一種依附性的組織人。根據
過去的詮釋架構顯示，城市的居民被認為很難
自主地產生對抗黨國機器的社會運動與政治運
動。但是在整個天安門事件的發展過程中，城
市的居民、特別是企業體的工人，卻紛紛加入
學生運動的隊伍；而企業體及官僚機構的組
織，反倒成為其內部成員集體參與抗議運動的
基礎和必要條件。此種現象的產生，逼使研究
者必需反省過去詮釋架構的盲點，進而追問中
國大陸城市活動的本質為何？如何掌握城市與
國家之間的互動關係？企業對於國家機器的組
織性依賴，是否造成企業所屬成員附庸性的政
治地位？當企業體與官僚組織內的成員走上街
頭，除了使研究者認為城市的居民有其相對於
國家機器的自主性外，研究者更進一步探索，
城市所擁有的相對自主性是否也能夠變成一種
獨立的公共領域？換言之，中國大陸是否存在
公民社會（civil society）的可能性？如有可
能，那麼公民社會的根源及結構條件又為何？

(二)政策制定的研究

　　世人對於天安門民主運動的發展，最後竟演變成以軍隊的血腥鎮壓爲收場而感到驚訝不已。論者謂軍隊鎮壓的決策過程並未經過官僚系統的周延討論，因此軍隊鎮壓的決策必定是由少數具影響力的幹部所作出的決定。換句話說，天安門事件中軍隊鎮壓非制度性決策程序，是對強調制度面和結構面之結構主義研究的一大撞擊。研究者進一步認爲，結構主義的研究取向或許只能作爲具持續性之政治發展的典範，對於中國大陸這種相當激烈的、不具持續性的政治危機，結構主義不再具有足夠的解釋力；亦即結構主義只是適合詮釋按部就班、具有嚴謹之制度意義的政治發展，對於激烈的政治變遷就顯得蒼白無力了。

　　結構主義研究取向本身因天安門事件的爆發暴露出嚴重的侷限性，是否就意味著先前第二階段的多元主義典範的論述比較具有解釋力呢？多數學者認爲，儘管結構主義研究取向有

其解釋的侷限性，但這並不代表多元主義的觀
點，如從派系衝突和路線衝突的角度來詮釋天
安門事件的演變可以重新復甦。爭論的主旨不
在於捨棄結構主義的研究取向，回歸過去傳統
的研究模式；重點在於面對類似天安門事件之
政治危機與政治變遷的發生，如何能夠提出一
套具說服力之詮釋架構。這正是九〇年代後結
構主義所必需觸及的嚴峻課題。

(三)後結構主義的研究取向

　　後結構主義的重要概念：

　　(1)強調中共制度結構的不穩定性。結構主
義認為，從八〇年代改革開放以來，中共的政
治運作充其量只是一種相對制度化的人治主義
而已；即中國大陸的政治運作還是以人治為主
體，制度的設計是配合人治的運作而運行的。
因此，後結構主義所強調的是人治取向與制度
面之間的辯證滲透關係。後結構主義認為，原
先結構主義的觀念一廂情願地設定，改革開放
之後中國大陸已經從民粹主義走上制度主義的

方向，並且過度賦與中國大陸政治發展之制度
的穩定性。質言之後，後結構主義者認爲，結
構主義只是一種虛擬的情境；其實中國大陸在
改革開放之後並未完全走上制度的結構性運
作，而仍然是以人治爲主體，制度的設計是配
合人治運作的手段。

　　(2)後結構主義者強調，中共建政之後雖然
歷經了不同發展階段的演變，但是中共在後革
命時代的發展，則是在一個相當穩定之文化氛
圍的制約下進行的。這種文化氛圍是會跨越制
度及結構的面向，進而決定政治人物的態度和
選擇；這種文化氛圍並不一定會被融入制度的
設計裡，但是它卻跨越了制度或在制度間的隙
縫中發揮影響力。這種文化氛圍是許多局外人
或者外國人所無法理解和掌握的，只有長期置
身於中國大陸之中才能體會的；這種文化氛圍
自覺地或不自覺地轉變爲或體現爲政治人物的
價值態度或政治選擇的偏好。

　　(3)在一定的制度結構底下，其間的成員並
不是完全按照生硬的制度法則的規範來運作，

在一定的制度結構制約下，會形成無數不成文、甚至難以具體觸及的機制（machanism），這種機制並無法從具體的遊戲規則中推演出來，但是它卻又存在於成員的行為模式中。換言之，後結構主義認為，在分析的過程中，必需考慮到在歷史發展的不同時期、階段所表現出來的宏觀文化氛圍，對制度結構內部成員之政治態度和政治偏好的影響，以及對於制度結構內部機制層面的重視。後結構主義認為，研究者必需兼顧後面兩種因素，才是一種具有歷史和文化內涵的結構主義，而不是抽象的、一廂情願式的結構主義。因此天安門事件爆發之後，多數學者認為結構主義典範是不能逆轉的，但是又必須讓結構主義揚棄僵化的制度主義的限制，而注入更活潑、更實在的歷史文化因素與機制因素的考量，如此才會將中共研究的領域帶向更周延、更理性的方向發展。

　　Walder在其《作為新傳統主義的共產主義》一書中即對結構主義的盲點進行反思和批判❽。在這本書中，Walder一方面指出了結構

主義研究取向的侷限性，另一方面則是闡釋了
「機制」才是主導國有企業內部運作的主要力
量。其中Walder所謂的「機制」，主要包括兩種
形式：一是已經制度化、組織化的主從關係網
絡，另一種是非正式、私人性質的人際關係網
絡。Walder以國有企業中工人、幹部、黨國機
器的關係為例，說明「機制」力量對人行為模
式的制約與型塑。根據Walder的解析，中國大
陸原先所構建的中央計劃經濟體制，無非是希
望各個層次的企業能與上級行政機構建立垂直
性的主從關係。為了建立這種關係，上級行政
機關或負有監督責任的黨國機器，便會自動地
且努力地尋求與企業體中少數比較積極的份子
建立垂直的主從關係網。此種關係網並非如派
系研究途徑所言，都是人際的、非正式的、非
制度面的關係。根據Walder的解釋，這種關係
網包含了雙重因素，既有人格的非制度因素，
也有制度面的官僚體制的因素。這種關係網的
建立，是中共國有企業所屬的中央計劃經濟體
制運作下的產物，亦即在中央計劃經濟體制的

運作下，黨國機器必然積極地去尋求與企業體
內部成員建立垂直性的主從關係網，而這種關
係網是通過中央計劃經濟體制的制度面所創造
出來的。此種關係網是國家機器在企業中權力
與權威的運作途徑。

　　但是值得注意的是，Walder所指稱的關係
網絡不單純只是人際關係網絡而已，它隱含有
高度制度化和結構面的意涵。這種主從關係網
是黨國機器在企業體內權力與權威形成的依
托、憑藉與管道。此即在中央計劃經濟體制的
制約下，黨國機器與企業體內部互動所自然形
成的機制。此種關係網絡又不能全然只是從制
度面去理解，因為它隱含了人際關係的意義；
但是另一方面，這種關係網又不完全是一種人
際關係網，這正是「機制」具體而微存在的表
徵。Walder認為，除了企業體內部存在主從關
係網外，企業體內部還遍佈著另一種由工人與
幹部所形成的關係網絡。這種關係網的形成，
肇因於工人必須尋求在上位者的保護，而在上
位者也願意通過工人需求的滿足，從工人手中

獲得一定的好處，或是各種形式如政治的忠誠
的回報。此種人際關係網絡雖然具有濃厚的工
具性與個人性的成份，但是它依然是依附著企
業體而存在的，即這種關係網同樣是依附在一
定的制度面和結構面而存在的。

　　依照Walder的解釋，此種工人幹部間的工
具性人際關係網，也是一種企業體內部存在的
機制，此種機制則是與前述之關係網的成份並
不完全相同。企業體內部工人與幹部互動所形
成的關係網，主要是以工人的互動為基礎，它
當然也就脫離不了制度面的影響，但是此種機
制最主要仍是以人際關係作為基礎。Walder認
為，此種存在於企業體中的機制，很難從制度
面、結構面上硬生生的遊戲規則、或成文法來
理解。因此，就Walder看來，機制才是國有企
業內部權力與權威運作的主要動力。

　　Walder的研究取向是從結構主義出發，但
是又不侷限在生硬之成文法規的制度面向去解
析黨國機器、幹部、工人在企業體內的互動模
式。中共政治體系在企業與官僚體系中的運作

模式，有許多形式是由制度面所創造出來的；
但是這種運作模式則是又具有非成文性的機
制，這種機制才是中共政治發展真正的主體脈
絡和推動力量。總結Walder的分析，一般人常
說中共權力與權威的運作，並非是通過成文制
度與規則來達成的，此乃是完全不瞭解現實社
會制度的運作形式。但是必須注意的是，權力
與權威雖然是通過政治系統或官僚系統或組織
內部的機制來運行的，而這種機制是跨越了制
度與規則的界限，具有相當鮮明的非制度性
的、非成文規定的性質與色彩。中共國營企業
內部的權力、權威的運行是如此，官僚體制的
運作亦復如此；國營企業內部的權力權威運
行，其實正是中國大陸總體政治圖象的縮影。
權力與權威的展現不是依賴死板板的制度與規
則，而是通過活生生的、一種存在於系統、官
僚組織、與結構內部的機制來運行的。Walder
的分析取向，足供我們反思批判結構主義的盲
點與侷限。

　　另外，Walder的分析取向，也可以用來澄

清改革開放中國大陸國家與社會關係的問題。
改革開放以來，中共通過國家機器將權力下放
後，中國大陸出現許多相對於國家機器具有自
主性之社會團體或群衆組織的出現，此一現象
才使得國家與社會的互動成爲研究的對象。除
此之外，天安門事件的爆發，亦是誘發學者探
討分析中國大陸國家與社會互動關係轉變之研
究動機的另一原因。天安門事件爆發之後，有
關中國大陸國家與社會互動關係轉變之研究議
題，主要是環繞著「市民社會」此一概念爲基
礎，而成爲國家與社會取向的核心問題。

　　天安門事件之後，在「國家──社會」的
議題上，「市民社會」概念成爲國家與社會研究
的核心問題。西方學界對於市民社會概念的理
解爲何？他們又是如何應用市民社會的概念分
析中國大陸改革開放後國家機器與社會互動關
係的轉變呢？

　　部份學者認爲，市民社會是天安門事件危
機激盪下的產物。論者認爲，將市民社會視爲
政治危機擠壓下的被動性產物，這就忽略了市

民社會存在之社會結構與歷史演變的過程。另
有學者認爲，市民社會是以城市的居民、學生、
知識份子爲主體所組合而成的。批評者認爲，
此種觀點雖然顧慮到市民社會的社會結構基
礎，但是此類的理解是一種城市中心主義的看
法；把城市的居民與知識份子視爲是反國家的
象徵，這是一種化約論的觀點。另外西方學者
也有從歷史發展的角度，將市民社會出現的源
起追溯至清末國家權威衰退後，以地方士紳爲
主的社會力量，這種力量已經形成相對於國家
機器的自主性組合。在歷史發展的過程中，這
種市民社會雖然歷經多次的打壓，但通過中共
的改革開放而重新復甦。換言之，對市民社會
概念採取歷史分析的學者認爲，市民社會在中
國已經有百年的歷史了。但是論者認爲，清末
以地方士紳爲主的社會力量，並沒有對市民社
會的形成構成正面的意義，反而是一種阻礙的
力量。

　　從相對於國家自主性，甚至是反國家的角
色來看，都是將市民社會從國家領域中分割出

來，並與國家相對立。從國家、社會這種簡單
的二元論的角度看待國家與社會關係的互動，
多數學者以爲這種作法會在方法論上遭遇難
題，換言之，從二元論出發將國家與社會完全
割裂開來，強調社會對國家的對抗性、衝突性、
矛盾性、自主性，就方法論而言是錯誤的作法。
多數學者認爲，在分析上，國家與社會是可以
分成兩個範疇，但是在實際的政治、經濟、社
會的運作模式中，國家與社會絕不可能從簡單
的二元論的角度去理解。對改革開放後中國大
陸國家與社會關係的互動，情形尤然；因爲改
革開放後，國家與社會在不同的範疇、不同的
系統、不同的官僚組織、不同型式的企業中，
展現出不同的互動模式。在前述Walder的書中
業已論及，人們可以清楚地看到企業內部的幹
部，其實身具國家與社會的雙重身份；幹部一
方面是屈於黨國機器的成員，另一方面則是又
具備相對於國家的社會身份。Walder指出，改
革開放後，中共絕非希望在國家之外另外再造
一股反國家的社會力量出來。改革開放的結

果，造成許多國家機器與企業機關中的幹部，
身具雙重的角色和身份（國家機器的成員與社
會成員），並以此雙重身份去推動經濟的改革。
現在包括Walder在內的許多研究者已經指
出，改革開放之所以能夠成功，部份原因在於
中共讓許多幹部兼具有國家與社會的雙重身
份，去承擔、維繫雙軌體制的運作。因此改革
開放是計劃經濟與市場經濟雙重體制交錯一起
的複雜改革過程。

　　從以上的分析可以理解到，包括Walder在
內的許多研究者認為，人們在改革開放的過程
中，看到中共把中央國家機器的權力下放到地
方，看到一些私營、集體經濟或外資企業的興
起，以及看到許多新興團體的湧現，即斷言在
中共的國家機器之外，存在一股反國家或與國
家機器相對立、或相對於國家具有自主性的社
會已經出現在中國大陸這塊土地上。這類看法
是錯誤的，是違背了中國大陸的現實。中國大
陸的國家與社會關係，絕對不是在二元區隔的
方式下開展的。在改革開放的過程中，國家權

力的轉移下放是通過幹部身具國家與社會之雙
重身份而展現出來的。亦即改革開放過程中社
會範疇的崛起，絕非是順著經濟改革的邏輯而
自然而然的出現。改革開放後社會範疇的出
現，其實是在中共國家機器有意識下的設計及
作為下的產物。質言之，中共改革開放的原始
目標在於讓社會的活力，從國家機器的束縛中
解放出來。但是中共經改的政治邏輯，則是以
國家代替社會，讓社會範疇所產生的力量消溶
在國家機器之中；國家扮演指導性的角色，而
非讓社會取代國家機器的功能和地位。

五、小結

　　西方國家、尤其是美國對東歐蘇聯及中共
共黨國家的研究，每一個階段的典範轉移都不
能純粹從一種方法論的建構或抽象的理論邏輯
機制去理解它。亦即，一個研究典範的建立、
轉折與變化，都深受東西關係的轉變，以及共

黨國家內部政治經濟發展的演化的左右，甚至
受到西方和美國社會科學方法論，以及社會科
學內部各門學科互動的影響。因此關於中共研
究典範的轉移，實在有必要從嚴格的知識社會
學向度去理解它。

　　之所以強調從知識社會學的面向去理解分
析西方之中共研究典範的演化過程，主要是因
為當人們習慣於從極權主義的典範去看待共黨
國家時，無可否認的他是以一種批判性的態度
去分析共黨國家；由此可知，極權主義典範其
實是東西冷戰時期意識型態運作下的產物。人
們雖然可以從極權主義典範的角度批評共黨國
家，但是這無益於我們對共黨國家真確的理
解。進一步而言，我們應該瞭解到，多元主義
典範、甚至是多元主義典範發展之後的結構主
義取向，雖然被認為較能擺脫道德性的議論；
但是期待共黨國家的民主化轉變，或不自覺地
期待共黨國家朝向西方國家現代化進程的方向
發展，都或隱或現地潛藏在多元主義和結構主
義典範的邏輯推論中。因此有關此一問題，是

不能單純從行爲主義之價值中立的立場，去理
解西方中共研究典範的演變和轉移的。

　　另一方面，從共黨國家市民社會與國家機
器對峙的關係論述共黨國家政治和經濟情勢的
發展，必須格外的謹愼小心。其實市民社會此
一概念在馬克思主義的脈絡中，一直要到
Gramsci之後才獲得復甦，而在波蘭團結工聯
的運動中成爲分析共黨國家民主化引人矚目的
概念。對於波蘭的社會抗議運動而言，國家與
市民社會之間區隔的形成，從一開始就具有高
度的政治策略意涵。在波蘭的抗議運動中強
調，相對於國家具有自主性之市民社會的存
在，可以爲政治抗議運動尋求正當性的辯護基
礎。就現實層面而言，特別是根據東歐共黨國
家的政治現實來看，市民社會概念的提出，主
要是一種策略的考量，而非方法論上的設計。
因此必須瞭解到，從市民社會與國家對峙的向
度理解包括中國大陸在內的共黨國家，在方法
論的層次上是很難將國家與市民社會完全割
裂，因此也就無法在方法論上找到區隔二者的

邏輯基礎。換言之，國家與市民社會對峙的取
向，只有現實政治的意義，但在方法論層次上
就會產生邏輯推論的難題。

註 釋

❶David Shambaugh ed., *American Studies of Contemporary China*, Woodrow Wilson Center Press, 1993, pp.121～122.

❷Ibid., pp.126～131.

❸David M. Lampton, "Chinese Politics: The Bargaining Treadmill." *Issues & Studies* 23 (March), 1987.

David M. Lampton ed., *Policy Implementation in Post-Mao China*, Berkelley: University of California Press, 1987.

Kenneth Lieberthal & Michel Oksenberg, *Policy Making in China*, Princeton: Princeton Univeristy Press, 1988.

❹Vivienne Shue, *The Reach of the State*, Stanford: Stanford Universitty Press, 1988.

❺Jean C. Oi, *State and Peasant in Contemporary China*, Berkeley: University of California Press, 1989.

❻Andrew G. Walder, *Communist Neo-Traditionalism*, Berkeley: Univeristy of California Press, 1986.

❼Jae Ho Chun, Studies of Central-Provinical Rela-
tions in the Peoplés Republic of China: A Midterm
Appraisal, *The China Quarterly*, No.142, pp.487～508.

❽Walder, Ibid., pp.22～27, 163～166.

第三章
美國的中共經濟研究

一、前言

　　西方學界對中共的經濟研究，一直要到八
〇年代之後才出現較具經濟學意涵的研究成
果。在改革開放前，西方學界有關中共經濟研
究，受限於主客觀因素，大都只是涉及毛澤東
經濟思想，即使至文化大革命時期亦復如此。
因此，當時有關中共經濟方面的嚴謹著作並不
多見。主要的原因是：首先，改革開放後，西
方學界才開始獲得較多的資料，以從事研究工

作。其次，中共在一九八○年代加入國際貨幣
基金會和世界銀行組織後，才開始對該組織及
研究工作者提供經濟性和統計性的資料。由於
上述兩點因素，乃使有關中共經濟之相關資料
獲取的管道得以擴展、系統化，學者也才得以
從事具有經濟學意涵的研究。改革開放後，國
外的學者才有機會進入中國大陸進行田野調
查，甚至與中共的研究單位進行合作。這更有
助於學術研究工作的深化。

　　嚴格說來，西方世界對中共的經濟研究，
真正的分水嶺並非始毛澤東的過世；確切的階
段性區隔應該是在一九七二年。當時正值尼克
森訪問中國大陸，打開了美中關係的大門；另
一方面，中共的國家統計局在歷經文革的衝擊
之後，也在一九七三、四年間恢復了功能運作，
有關中國大陸內部的統計資料才開始建立起
來。正是在各種主客觀環境的配合下，西方的
中共經濟研究才得以邁向新的進程。

二、美國對中共經濟研究的
發展概況

下列即以一九七二年作爲分水嶺，說明美
國對中共經濟研究的發展概況❶。

㈠一九七二年前

在一九七二年以前，透過美國中央情報局
的收集，以及與中國大陸難民的訪談和中共所
出版公布的資料，研究者得以對中共的經濟發
展，有了初步的認識。而在所獲得的資料與資
訊中，又以中共的第一個五年計劃（一九五三
～一九五七年）的資料最完整詳細❷。

在此一階段因爲受限於中國大陸的閉關鎖
國政策，學者只能在有距離的方式下對中共進
行研究，因此無法建構出理論模型，只能從事
描述性的研究。另一方面，此一階段的中共經
濟研究仍依附在中共政治研究的範疇下，受到
極權主義典範的引導，研究者對政治因素的強

調高於經濟面向的分析。所以在這一階段的中
共經濟研究，只是強調中共的黨國機器與上層
建築的政治精英如何對社會進行控制；這種研
究取向與極權主義典範引導下的中共政治研究
如出一轍，都是凸顯中共政治體系中政治掛帥
的意義，因此有關中共經濟研究也就充斥著許
多非經濟因素的論述。但是弔詭的是，這種屈
從於政治現實的研究傳統，卻使政治經濟學成
為中共經濟研究的主流；數量經濟學、統計學
分析等西方經濟學領域中的主幹，反過來只是
中共經濟研究的輔助性工具。

　　在極權主義典範的主導下，中共經濟研究
只能是對中共的經濟制度、經濟結構浮面式、
描述性的分析，或是隨著制度結構而來地對中
共經濟決策過程的研究。質言之，在極權主義
典範的籠罩下，中共經濟研究充其量只是一種
古典制度主義的經濟研究。在極權主義典範的
籠罩下，不只是形成鐵板一塊的政治觀；在經
濟觀方面，研究者莫不立足於「全國一盤棋」
的分析架構上。因此在此一階段的中共經濟研

究，其分析的範疇都是停留在國家這一層級的
分析對象，亦即主要都是採取宏觀的分析模
式，而有關中共經濟的微觀或區域性的研究，
幾乎缺如。

　　總而言之，受限於第一手的資料資訊取得
不易，再加上極權主義典範的導引，這時的研
究者大都採取總體面、宏觀面的分析觀點，將
中國大陸視爲鐵板一塊的統一性經濟實體。

㈡一九七二年至一九七九年（過渡階段）

　　一九七二年至一九七九年間美國的中共經
濟研究，其主要的特點有二：首先，研究者開
始談論中國大陸經濟權力去中央化的問題，亦
即有關中共經濟權力的下放和經濟權力的分散
化等問題，開始成爲研究者關注的焦點。此時，
極權主義典範的主導性，明顯地消退，而將分
析的對象集中在政治精英間經濟路線分歧的問
題。換言之，學者的研究取向開始受多元主義
典範的影響。其次，也有少部份的學者試圖從
結構面和制度面去理解中共經濟制度的運作，

從結構面向進行邏輯的推演，從而得出中共經濟改革是一個必然的方向的結論。以上可以視為，西方的中共經濟研究從多元主義典範轉折過渡到結構主義典範的階段。

㈢一九八〇年代之後

在此一階段美國的中共經濟研究者，已經從鐵板一塊的經濟觀轉變成多元化的經濟觀。所謂多元化的經濟觀，是指從宏觀面的國家經濟研究過渡到分層級的經濟研究，亦即學者分析的範疇開始轉移分散在國家、地方、企業及個人等主體上。在此一階段，以國家一級行政單位以下的區域、地方、企業為主題的著作，開始蓬勃發展起來。在此種分析架構下，出現了引人注目的比較經濟研究。對中共經濟進行比較經濟的分析，其主要表現在：首先，中國大陸不同區域、不同層級的經濟比較，尤其是集中在不同地方、省份及經濟區域的研究。其次是把中國大陸放入世界經濟體系之內，評價中國大陸的角色有無可能成為區域經濟的核

心。另一方面則是把中國大陸與第三世界國家
的經濟發展進行比較，以及與其它世界經濟體
系中的核心國家之經濟發展比較。亦即一方面
將中國大陸視爲發展中的國家，但是另一方面
又認爲中國大陸有可能成爲世界經濟體系的核
心成員，進一步而言，此種觀點的出現，暗示
學者開始質疑，世界經濟體系是否如傳統認知
所言是西方中心主義。換言之，世界經濟體系
並非是僵化的板塊，而是存在著水平及垂直的
流動現象。

　　伴隨著比較經濟制度分析模式而來的，中
國大陸開始成爲經濟學家建構理論模型的參考
座標或參照架構，例如近來已有學者應用經濟
學中新制度主義學派的產權理論模型，分析中
國大陸國營企業的改革。所以八〇年代以後，
西方尤其是美國的中共經濟研究，才開始眞正
進入理論模型建構的年代。有的研究者以中國
大陸作爲唯一的理論分析對象，有的則是把中
國大陸視爲有用的理論參考座標。總而言之，
自從改革開放以來，中國大陸的經濟發展及經

濟問題，已經成為西方和美國學界建構經濟理
論模型相當重要的憑藉。

三、西方中共經濟研究的
　　重要課題

　　一九八〇年代後美國對中共經濟的研究，
主要集中在下列四個研究領域：一，理論模型
的建構；二，經濟制度、經濟政策、及經濟改
革的成就；三，中國大陸在世界經濟體系中的
角色與地位；四，科際整合的可能性。

　　八〇年代以來學者的理論建構，特別針對
中國大陸雙軌制的改革；亦即大部份的研究理
論，集中在中國大陸如何結合計劃經濟與市場
經濟，這種混合經濟又是如何觸動中國大陸的
經濟改革。質言之，研究者所要追問的是，新
的經濟系統如何使經濟改革成為可能？然而伴
隨著此一問題而來的，中共經濟研究的進一步
課題在於：(1)社會主義與資本主義經濟體系是
否具有趨同的關係；(2)社會主義與資本主義經

濟體制是否存在相互滲透的可能性；(3)在市場經濟與計劃經濟結合的情形下，會爲人類走出一條什麼方向的道路來；(4)人類對於經濟體制的摸索，是否具有普遍有效意義的可能性。

就制度變化的面向而言，學者們的探討課題主要有以下幾個面向：

第一，在比較制度方面，西方中共經濟研究的課題主要有：首先，從不同的歷史階段來進行經濟制度的比較。其次，對同一時期、但不同地區系統的經濟運作方式進行比較。最後，是將比較的向度延伸至中國大陸以外的領域，將改革前後的中國大陸經濟制度與東歐蘇聯的改革進行比較。

第二，探討中共的經濟改革如何成爲可能的問題。這方面學者的研究集中在：改革開放後，經濟的變革出現了那些重要的改變，這些改變是在那些策略考量下來進行的？這些經濟的變革又產生了那些政治社會的效應？影響中國大陸對外、對香港、對臺灣的關係有那些因素？

　　第三，計劃經濟體制鬆動後，引發農業、工業、服務業（第一、第二、第三產業）領域的變革。這方面的研究課題主要有：家庭聯產責任承包制是如何誘發強化經濟個體的利潤動機？同時隨著市場化的改革，鄉鎮企業的興起與發展如何造成中共經濟體質的轉變？制度面的改革，又是如何促使農業生產和效益的變化？計劃經濟體制轉型之後，工農、城鄉之間的經濟關係如何重建？原先工農二元化的格局是否已經被打破？改革開放後，工農剪刀差的結構產生何種變化？

　　而有關中共經濟制度政策與成就的研究面向，又可區分為農業領域、工業領域、經濟部門間的聯繫、比較性的分析五個主要部份。在農業研究方面，學者研究的主題在於經濟改革政策如何影響農業的生產產量與產能的增加，以及制度的改革是如何被設計的？八○年代以來市場化的改革，對農業的發展產生何種衝擊？家庭責任制的形成和發展，如何對農業生產結構及農業生產效能發生影響力？以上三個

課題都以如何增加農業產能和產量爲前提，並
在此一前提之下探討改革開放後中國大陸農業
體制的設計。

　　在工業研究領域方面，學者的分析著重於
那些具體的經濟政策可以用來提升工業的效
能？此一課題涉及到爲何工業與城市的改革，
在時序上會擺在農業改革之後的問題。其次，
相較於農業方面，工業的相關資料蒐集不易，
因此改革開放後工業產量的實際演變情形如
何，成爲工業領域方面的研究較困難之處。這
主要還因爲，大躍進與文革期間，有關具體的
工業統計資料付之闕如；雖然一九七二年中共
國家統計局恢復了舊有的功能，但是工業領域
方面的許多資料仍是殘缺不全，甚至涉及政治
因素而無法具體眞實地呈現出來。

　　在部門間的聯繫方面，學者所探討的主題
主要在於市場、價格與經濟發展之間的關係；
省與省、經濟體之間經濟互動的問題；市場與
計劃、官僚運作互動的問題；各種型態的外資
企業之間、外資企業與鄉鎮企業及國有企業之

間的經濟互動，這當中涉及稅率的訂定、原料
的爭奪、價格競爭、市場競爭等等問題。最後
則是關於各個系統部門之間經濟循環的問題。

　　比較性研究是近來學者相當關切的議題，
這方面的著作在質量方面都相當豐碩。有關中
共經濟比較性的研究，和中共與東歐蘇聯解體
前計劃經濟體制的比較、中共與其它國家市場
社會主義的比較，都是相當熱門的課題；中國
大陸的經濟發展與其它開發國家作比較；中國
大陸的經濟發展與臺灣作比較。以上這些比較
方式，到目前為止都只是在找出中國大陸經濟
體制、經濟政策的運作，與其它地區或國家之
間的異同。因此這種比較仍停留在相當原始的
階段。作為一種比較經濟的分析，其中涉及如
何解讀資料，以及中國大陸所提供的經濟性、
統計性的資料是否能與其它地區國家所提供的
資料進行合理的比較等問題。其次，最困擾學
者的問題還在於：中國大陸與其它國家地區對
經濟範疇的界定，存在著本質上的差異，並且
同一範疇在中國大陸的不同歷史階段有不同的

意義；進行比較分析研究時，這都是必須克服
的問題。最後，將中國大陸與其他地區國家作
比較時，很難找出合理的判準，這也是極待克
服的問題。

　　八〇年代末期，西方學界紛紛為文探討中
國大陸在世界經濟體系中所可能扮演的角色。
學者認為，中國大陸實行經濟改革政策，其實
已經對資本主義世界體系造成嚴重的衝擊。這
一問題涉及改革開放後中國大陸經濟輸出的能
量擴大與經濟輸入能量的增加對世界體系的影
響。另外，此一問題還涉及到中共經濟改革後，
是不是代表中國大陸已經被吸納進世界經濟體
系之內？若是，那麼中共的地位角色如何？若
非，那麼中共與世界經濟體系的互動又為何？
改革開放後中共與美國、西歐、日本的經濟關
係及經濟互動，以及中共加入世界銀行之後對
國際貨幣的流通與信貸的影響為何？是相當受
注意的課題。在政治經濟學領域範疇方面，改
革開放後中國大陸隨著經濟發展經驗的豐富，
對傳統以拉丁美洲為主體的依賴理論、世界體

系理論有無啓示的作用？在經濟哲學方面，中
國大陸改革開放的道路──即經濟自由與威權
政治結合的道路，對人類未來經濟走向有何貢
獻或啓示？也是重要的問題。隨著改革開放後
中國大陸經濟發展的日益國際化，中國大陸在
世界經濟體系中所可能扮演的角色，已經成爲
世人所共同關心的話題了。

　　最後，在科際整合的可能性這一議題上，
西方學者也提出了許多不同的觀點。而就科際
整合而言，美國的政治學、社會學的需求是遠
超過經濟學者；亦即當前美國對中共政治或社
會的研究，迫切需要以中共經濟研究的成果爲
基礎。但是對美國中共經濟研究的學者而言，
雖然政治經濟學的研究典範仍是中共研究的主
流，但是他們卻是試圖扭轉政治經濟學的研究
架構，將之導引至純粹的計量、量化的方向去。
因此政治經濟學與數理經濟、計量經濟之間的
競爭正方興未艾。美國的中共經濟研究中，有
幾個領域已經在科際整合方面獲致了初步的成
果，例如，在社會主義經濟發展領域方面，有

學者將歷史的分析與經濟的研究結合在一起，
甚至在一定程度上還把政治學、社會學、經濟
學結合在一起。其次，有關中國大陸經濟人口、
經濟地理、經濟史的研究，也獲得相當大的進
展。

四、西方中共經濟研究的困境
　　與成就

　　目前西方學界有關中共經濟研究所觸及的
困境與難題，主要還是在如何面對中國大陸經
濟性資料的問題。中國大陸的經濟範疇與西方
世界或其他區域，存在著相當大的差異；如何
化解彼此之間的差異，是未來中共經濟研究一
項重大的課題。其次中國大陸本身的經濟範
疇，在不同的歷史階段中有著不同的意義，如
何作出通盤性的解釋，目前為止仍是一個相當
棘手的問題。

　　由於中國大陸經濟性資料的獨特性，對中
共經濟研究這一領域，目前還停留在相當特殊

或相當個人化的研究。即中國大陸經濟資料的
獨特性，使每個研究者都以個別的經驗認知去
解讀中國大陸的經濟性資料，因此存在相當濃
厚的個人色彩，缺乏普遍性的意涵。因此對於
西方世界的研究者而言，他們很難將其所使用
的經濟概念範疇、觀點毫無反省地就套用在中
共身上。

　　儘管研究困境的存在，但是不容否認的，
西方學界的中共經濟研究在幾十年的耕耘下，
仍然獲得相當的成果。對中國大陸經濟的研
究，不再被視爲是經濟學領域的旁支；目前中
共經濟研究已經能堂而皇之地進入西方主流經
濟學研究的一環。現今西方經濟學界，業已將
中國大陸視爲其理論建構的參考對象及指標，
而爲長久以來西方中心的經濟理論，注入新的
發展因素。

註　釋

❶David Shambaugh eds., opcit., pp.82～102.

❷Ibid., p.83.

第四章
對中共改革問題
的政治分析

一、派系政治的評析

　　一般在了解中共的改革開放時，通常都是以派系的角度，認為改革開放是派系競爭互動下發展出來的，亦即把中國大陸的改革開放視為是保守派和改革派的互動或競爭擠壓出來的，到底是否真的如此呢❶？

　　若通過對改革開放過程的理解，可以發現，改革的發展並非只是簡單的在保守派和改革派的競爭角逐下發展出來的。換句話說，在

改革開放發展的過程裏，很難把中共政治簡單
的劃分爲保守和改革兩種派系力量。

　　翻開改革的歷史可以發現，在改革開放的
過程裏確實存在中共政治力量間相互競爭的現
象：(1)政治論辯的出現。(2)由論辯轉成路線分
歧。(3)路線分歧，引爆權力攤牌。

　　對於上述現象應如何理解呢？不能簡單分
成改革派和保守派去理解。此外，也很難從奧
森伯格 (Michel Oksenberg) 分散型的權力系
統的角度去理解。換句話說，改革的發展不能
以傳統的派系研究途徑或結構主義的分散型權
威的角度去理解。那麼應如何看待改革的發展
呢？談這個議題時，必須涉及到兩個重要的理
論的反省：(1)黎安友 (Andrew Nathan) 的
〈中 共 政 治 的 派 系 主 義 模 型〉（*A
Factionalism Model for CCP Politics*）❷。
(2)鄒讜 (Tang Tsou) 的《文化大革命與毛後
改革》（*The Cultural Revolution and Post-
Mao Reforms*）內的一篇文章〈中共政治中的
非正式團體研究緒言〉（*Prolegomenon to the*

Study of Informal Groups in CCP Politics)，它是在反駁黎安友的文章❸。

西方人在面對中共的改革時，都有一個很素樸的期望，希望通過中共經濟改革的不斷發展，促成中共制度結構的穩定運作，然後通過此消除政治的張力，尤其是消除中共高層領導的政治矛盾與張力。但是改革的發展與西方的訴求希望，在某種意義上是背道而馳的，從改革的歷史可以看出，隨著改革的發展，湧現種種更複雜的問題，伴隨這些複雜的問題而來的是中共高層領導之間的衝突更加明顯，而改革之後的政治發展過程，並沒有能力去化解高層領導的衝突和張力。

改革的發展與西方的素樸期望中間有很大的距離，改革開放之後，中共制度化的發展並不足以涵融化解中共高層的衝突與張力。

在中共改革的過程中，檯面上負責決策的這些人，他們因文革對黨政機器的破壞，以及中共政治的世代交替在改革之初並未眞正出現，必須迫使那些在檯面上眞正負責決策的那

些人必須被迫繞過黨政機器之外，去找尋自己
的智庫或幕僚人員。

　　由此在改革之後，不論是胡耀邦、趙紫陽、
鄧力群，他們背後都有一群在黨政機器之外的
智庫或幕僚人員，他們形成以檯面上決策人員
爲核心的一種非正式的幕僚組合，或甚至組成
以檯面上決策者爲核心的官僚組合。他們唯決
策者馬首是瞻，並與其他決策者背後的幕僚群
處在競爭的狀態下，甚至同一決策人員底下的
同一幕僚人員之間，也會出現嚴重的競爭。在
改革的過程裏，智庫或幕僚群是個介乎領導與
決策之間，扮演兩者之間聯結的角色，而領導
本身是通過這些智庫、幕僚群去展現決策權
的。

　　這些智庫與幕僚群對領導而言，可以發揮
以下這些作用：(1)它可以提供領導有關每個階
段的中國大陸的社會發展，尤其是經濟發展的
潮流及現況或情勢。此即形構領導對中國大陸
各個領域，特別是經濟發展領域的認知圖案，
然後領導再根據認知圖案作判斷。

⑵這些智庫與幕僚群還有更大的作用，他
們可以對領導所遭受到的政治難題從經濟層面
尋求解決。在改革開放的過程裏，中共檯面上
的政治人物，所遭受的政治困境，大都是來自
經濟領域上的爭論，而這些領導背後的智庫或
幕僚群必須幫領導解決這些問題。

⑶這些智庫或幕僚群也必須配合領導對自
己的政治期望及政治議程提供配套式的研究或
理論觀點。中共高層政治領導通過一批批的智
庫，特別是經濟的智庫、幕僚和官僚，才能獲
得中國大陸各個領域，特別是經濟領域發展的
理解，然後他們才能提出政策主張，也才能維
繫、保住自己的權位，防止種種來自對他權力
的挑戰，故改革開放之後，領導與經濟官僚、
幕僚之間是形成複雜的有機結合體。

領導對於中國大陸各領域發展的觀點，主
要是通過其背後的智庫與幕僚群來表態，改革
以來，中共一些重要的刊物如紅旗（後改為求
是）、人民日報上不同觀點的辯論，不只是個人
看法的表態，而是各種不同路線間一連串對話

中的一環。領導的智庫會分化成核心與外圍，甚至會分化成中央到地方的一種從上到下的智庫群，此智庫群甚至會跨越組織，形成跨越黨政軍的橫向聯繫組合。

改革開放之後，重點刊物上各種經濟性的重要觀點，絕對不會是經濟學家的觀點，而是可以被視爲是各種不同路線間一連串對話的一環。換句話說，在經濟領域上意見的表態，都是涉及到領導之間路線的爭論，經濟決策的變化，以及領導之間權力的消長。具體地說，特別是在經濟領域裏面，各種不同主張的論辯，其實都是中共政治過程的一部分。

中共高層領導既然是通過背後一批幕僚群，特別是經濟學家和經濟智庫表態作出決策。而這些幕僚又是如何作辯論呢：(1)他們會針對現實政策作辯護。(2)他們會環繞馬克思主義的政治經濟學部分來辯論。(3)社會主義世界發展的趨勢與潮流。(4)中共建政之後，長期以來經濟辯論的歷史脈絡，也是影響經濟智庫在作經濟辯論時相當重要的因素。

　　他們通常先以對政策的對錯辯論作基礎，然後再與中共常期以來經濟辯論的歷史脈絡結合起來，並且進一步把它提高到社會主義世界經濟發展的方向，以及馬克思主義政治經濟學的辯論水平上。

　　我們並非要特別強調意識型態面向的重要性，但我們可以發現意識型態的運作、尤其是馬克思主義的政治經濟學，在中共經濟辯論過程內，仍然扮演相當重要的角色。而在經濟辯論裡如何判斷政策的對與錯呢？這就必須通過對中國大陸那時的國家領域，尤其是國家和社會互動的情況，以及當時經濟形勢的理解來判斷政策對錯的。亦即他們判斷政策的對錯，都是奠定在他們對當時候中國大陸經濟領域的發展形勢，尤其是那時候中共國家機器對社會改革的影響與支配能力的認知圖案來判斷政策的對錯。亦即他們是根據他們所理解的一套中國大陸經濟發展認知圖案和國家能力的認知圖案，去判斷政策的對錯，然後把政策對錯的判斷拉到總體的，長期以來經濟辯論的歷史脈絡

裡，拉到社會主義世界，拉到馬克思主義的政
治經濟學水平，逐步升級，然後演變成理論攤
牌。

　　不過這些幕僚和智庫在代理領導去進行經
濟辯論時，是在領導間所形成的權威結構和脈
絡下來進行辯論的。換言之，高層領導的權威
結構、格局會影響辯論的進行，而此辯論的進
行會進一步反過頭來影響領導之間權威結構的
變化；這些作為領導的正式代理人在作辯論
時，不是在眞空中而是在領導之間的權威架構
格局底下來進行，並進一步去影響領導之間的
權威格局。更清楚的說，這些辯論是作為領導
的政治權力的代理戰而出現的，他們會直接使
政策改弦易轍，然後影響領導之間的權力消
長。所以這種辯論是屬於政治過程的一部份，
它一面受到領導之間所形成的權威格局的影
響，同時又會反過來影響領導之間的權威格
局。

　　在改革開放的過程裡，通過政策辯論及進
一步的路線分歧與權力消長，到底是用什麼形

態表現出來？如果依照黎安友的看法，他是從
非零和式的角度去觀察的。在黎安友的觀念
中，中共政治體系中不同派系之間政策路線的
互動，不可能導致其中一個派系可以完全擊潰
敵對的力量，而獲得全面的勝利。依照黎安友
的觀念，他認為派系的遊戲規則是非零和的。
但是鄒讜則反對黎安友的見解。鄒讜認為，在
中共政治體系中，不管是什麼時候，都可以發
現在一定的條件配合下某一政治力量是可以給
予敵對勢力致命的一擊，甚至可以擊潰對方而
獲得全面的勝利。因此鄒讜認為，在中共政治
體系中還是可能出現零和的權力鬥爭。鄒讜以
為，這種零和的權力鬥爭，在延安時期乃至文
革期間的毛澤東時代，到處充斥著明顯的證
據。因此他不認為黎安友的分析是正確的，他
以為黎安友只是把民國初年對國民黨內部派系
鬥爭的經驗，轉移到對中共派系的理解上。雖
然如此，但鄒讜這一零和遊戲的權力鬥爭模
式，並不能解釋改革開放後中共派系鬥爭的實
際情況。例如，陳雲與鄧小平在經濟決策方面

都有相當突出的支配能力，兩大力量同時一直
存在，鄒讜的分析架構並不能解釋改革開放以
來中共政治發展的實情。

　　若從派系政治的角度看來，改革開放後中
共第二代政治老人，如鄧小平、陳雲、姚依林、
鄧力群與檯面上領導人之間的關係，可以從下
圖顯示出來：

　　鄧小平、陳雲（第二代政治老人）
　　　　↓上下主從關係
　　胡耀邦、趙紫陽（檯面上的領導人物）

　　鄧小平、陳雲和胡耀邦、趙紫陽之間是屬
於上下主從關係。鄧力群與姚依林是介乎鄧小
平、陳雲和胡耀邦、趙紫陽之間的中間階層的
人物。這是因為在文革期間，鄧、姚二人即與
鄧小平、陳雲建立了深厚的關係。鄧小平、陳
雲等人是通過路線方向的指示，或政策的喜
好，來與檯面上領導人建構上下與主從的關
係。而鄧小平與陳雲之間互動所形成的結構，
則又規定了檯面上胡耀邦、趙紫陽、姚依林等

人的權力互動結構。

　　八〇年代，鄧小平、陳雲、胡耀邦、趙紫陽成為政策路線運作的四個焦點。胡耀邦在十二大之後雖然貴為總書記，負責第一線事務，應該是可以管到中共意識型態與經濟事務。但是由於歷史的因素，中共意識型態工作卻掌握在鄧力群手中。鄧力群於文革期間曾是鄧小平國務院政治研究室重要的成員之一，因而參贊了鄧小平所領導的意識型態領域的工作。八〇年代以來，鄧小平仍賦與鄧力群意識型態工作的重責大任。因此胡耀邦在意識型態工作方面，並無實質的領導權。

　　亦即，在意識型態工作方面，胡耀邦與鄧力群是處在角色衝突的地位。胡耀邦既然無法通過黨意識型態機器去表現他對意識型態工作的掌握，他只好自己建立自己的理論隊伍，尤其是依賴共青團原先的派系和知識份子來建立自己的班底。胡耀邦雖然是總書記，卻無法掌握黨意識型態的權力，甚至還因為鄧力群的置喙而下臺。胡耀邦與鄧力群在意識型態的角色

上，處在衝突的局面，胡耀邦雖爲總書記，卻
無法規範鄧力群，因爲意識型態方面的權力不
是胡所能作主的。

　　另一方面，胡耀邦既然身爲總書記，當然
也應當處理經濟方面的事務，尤其是十一屆三
中全會之後中共宣稱，要把黨的工作重新轉移
到經濟建設方向來。但是在經濟事務方面，胡
耀邦與趙紫陽同樣是處於角色衝突的狀態。就
趙紫陽的立場而言，在鄧小平權力分散的設定
下，趙紫陽任國務總理應處理經濟事務。當然
不希望胡耀邦介入經濟事務的領域，所以在趙
紫陽任國務總理、胡耀邦爲總書記的時期，胡、
趙兩人也有張力的存在。

　　此外，趙紫陽雖貴爲國務院總理，雖然在
行政上處理經濟事務，但是由於歷史的因素，
在十二大之後，華國鋒所主張的路線被推翻
後，陳雲及其所喜歡的那些人，包括姚依林、
王丙乾，成爲掌握中共經濟事務最具實力的一
群。其中姚依林在趙紫陽當國務院總理的時
代，就是國家計劃委員會的領導人物。王丙乾

則是財政部長；整個國家的經濟財政實權掌握
在姚依林與王丙乾的手中。姚依林與陳雲關係
密切，而王丙乾不只與陳雲交好，與李先念的
交情更是匪淺。因此姚依林與王丙乾可以越過
趙紫陽，而直接向陳雲與李先念匯報。同樣在
意識型態領域，鄧力群也可以越過胡耀邦，直
接向鄧小平報告。所以胡耀邦與趙紫陽在此種
情況下，他們都無法真正掌握黨的機器與國家
機器，而此一特點具體表現在整個改革開放的
過程中。

　　我們可以看到，在農村方面，七〇年代末
八〇年代初，中共推動農村改革時，是在鄧力
群的主張和同意下，獲得陳雲的支持由黨出面
去推動的，並越過國家機器來進行的。農村改
革主要是解決對農村的束縛，讓農民有經營的
自主權。接下來的八四年後城市的改革則是解
決對企業的束縛，讓企業有經營的自主權，迴
避了國家財政機器角色如何改造的問題。

　　中共之所以採取迂迴的改革策略，主要是
因為如果正面面對核心問題，則改革政策勢必

遭受阻力難以維繫。因此不管是農業改革或是城市改革，都是在規避國家機器的可能干涉下才推動起來的。

　　姚依林掌握的國家計劃委員會與王丙乾主管的財政部，都是改革開放的核心機器。他們二人並非完全反對經濟改革，但是他們所據有的立場與胡耀邦、趙紫陽迥異。國家計劃委員會與財政部所考慮的，是如何維持保障國家機器的利益？為數八千多家的大中型國營企業的利益如何確保？國家財政預算如何維持等問題。而趙紫陽必須通過不斷的經濟改革來證成他的領導地位，但國家計劃委員會和財政部卻與他思考方向不同。我們應該瞭解，趙紫陽在八〇年代以前只是地方的官員，他與中央並無特殊的淵源，也無任何中央工作經驗。所以八〇年代以來，趙紫陽根本談不上可以駕馭或掌控中央級的國家機器，因此趙紫陽必須培養依賴自己的智囊團；這也正是八〇年代以來智囊團興起的重要因素。而趙紫陽的改革，第一個前提就是如何規避國家機器的置喙，如何規避

與中共政治老人有著相當密切關係的老幹部的
干涉。

趙紫陽根本無法運用中央級的財政官僚機
器,因此只好繞過這些機構組織,依賴智囊團
所提供的改革戰略藍圖。亦即趙紫陽的政策判
斷、政策選擇是迴避國家機器的正式組織機
構,而仰賴非正式的、制度外的團體;這也就
造成了非正式團體與制度化的國家機器之間關
係的緊張。若是趙紫陽能夠爭取鄧小平的奧
援,趙紫陽就能讓他的智囊團扮演相當重要的
角色。但若是改革出現問題而必須進行調整與
整頓時,那些國家機器中幹部的功能與地位就
會提升。這是一種相當特殊的權力消長互動模
式。

但是讓趙紫陽最難以接受的是,在其所倚
靠的智囊團中意見並非完全一致的。因為隨著
改革不斷發展,不斷湧現新的問題;對於這些
問題的處理方法,智囊團的成員彼此並沒有共
識,甚至相互的批評攻擊。所以趙紫陽的處境,
一方面必須面對鄧小平、陳雲、以及國家機器

的壓力；另一方面則又必須調處智囊團內部的
紛擾，趙紫陽的下台與此種兩難的困境是有相
當大的關聯性。例如，在天安門事件爆發之前，
趙紫陽即因價格改革的問題，與其智囊團發生
嚴重的意見分歧；接著國家財政官僚反對趙紫
陽的措施，鄧小平與陳雲也不滿意他的政策，
所以在天安門事件發爆之前，趙紫陽的立場處
境就顯得相當艱難，而天安門事件爆發後趙紫
陽下臺，其實也是有其結構必然性的。

　　根據上述，對於中共權力運作的特殊模
式，應該注意以下幾個特點：

　　第一，鄧小平和陳雲在後毛澤東時代，已
經具有超越檯面上決策者的地位和角色，而具
有調處檯面人物紛爭的仲裁作用。具體而言，
檯面上政治人權力或路線的衝突，必須回到政
治老人手中加以處理。

　　第二，胡耀邦與趙紫陽因個人的經歷和歷
史的因素，並無法真正掌握黨或國家機器，因
此他們必須在規避黨或國家機器的前提下去推
動政策，而胡、趙兩人之間也並非完全一致的，

尤其在經濟的事務上是有分歧的，這何以見得
呢？

在趙紫陽當總理，胡耀邦當總書記的階
段，很多省或地方的領導，在經濟事務上會直
接找胡耀邦以規避趙紫陽對地方的要求，故
胡、趙之間也是充滿張力的。而鄧力群與姚依
林也都是可越過胡、趙直接向鄧小平與陳雲匯
報，越級請示與匯報的情事在八○年代以來是
非常普遍的。

八○年代以來中共的權力的運轉結構，有
如奧森伯格所講的分散型權威結構，但事實上
並無他所講的討價還價的情形存在。事實上，
在分散型的權威結構下，各種力量都在各自積
極的進行路線主導權的爭奪。不同權力中心間
互動的最終極目的，都是在如何爭取更好的權
力路線的主導權，並非簡單的比較理性的討價
還價的過程，他們之間充滿了種種權力爭奪的
痕跡。

第三，七○年代與八○年代初，尤其是在
一九八四年中央通過經濟改革的決定後，標誌

著鄧小平、陳雲兩人經濟路線分歧的開始。在一九八四年十二屆三中全會之前，中共的經濟運作領域或權力運轉中心仍是處在批判與取消華國鋒的經濟路線的階段。十二屆三中全會的經濟改革決定通過之後，正是象徵鄧小平與陳雲的經濟政策路線分歧的開始，我們可以把一九七八～一九八四年稱爲改革的第一波，一九八四～一九八九年稱爲改革的第二波，此爲鄧、陳之間互相競爭與充滿張力的階段。

　　八十四年之前，改革的推動之所以那麼快速，是跟批判華國鋒的經濟路線有絕對相關的，七○年代末與八○年代初，改革開放政策的提出都是奠立在取消華國鋒權力的正當性，以及證成鄧小平權力正當性基礎上。在十一屆六中全會後（尤其是十二大後），華國鋒被逐出權力核心（代表政策路線被逐出權力核心），中共的政治形勢即隨著鄧、陳兩人路線的分合在運轉。

　　第四，政治老人位於檯面決策者之上。雖然後毛時代形成分散型的權威結構，但是在中

央的政治生態中，政治老人甚至檯面上的領導
者，他們都仍相信他們的路線可以獲得全面的
勝利。站在鄧的立場，他作爲最高領導人，他
希望被他指定的接班人能成爲檯面上的領導核
心，這代表他認爲，他所喜歡的政策路線能獲
得全面的勝利，具有絕對主導的地位；而陳雲
也希望通過姚依林把他的路線貫穿到中共經濟
事務的運轉裏面。作爲鄧小平的權力接班人，
雖然被形式規定爲檯面上的領導核心，但是作
爲陳雲的檯面上的路線代理人會挑戰鄧所指定
的接班人。鄧的接班人會想不斷地擴大他的權
力和政策的影響，而其它人會挑戰其政策決定
的權威，如此一來一往，會激化成爲路線分歧，
然後全面攤牌，而最後的處理則歸諸於政治老
人。因此，面對中共改革開放，我們很難用改
革派與保守派這兩個簡單的劃分來解釋改革開
放的演變。

註 釋

❶以下的論述，主要參考Jeseph Fewsmith, *Dilemmas of Reform in China: Political Conflict and Economic Debate,* New York: M.E. Sharpe, 1994, pp.19～55.

❷Andrew Nathan, "A Factionalism Model for CCP Politics," *The China Quarterly,* No.53 (1973).

❸Tang Tsou, *The Cultural Revolution & Post-Mao Reforms: A Historical Perspective,* The University of Chicago Press, 1986.

第五章
鄧後大陸情勢
與兩岸關係研析

要探討鄧死後的大陸情勢與兩岸關係，必須從歷史結構向度，掌握鄧小平時代中國大陸的政經社會結構，然後才能據以判斷鄧後可能的發展形勢。

一、政治形勢的可能發展方向

在改革的發展過程中，中共高層領導間由於政治世代意識型態和政治立場的差異，衝突不斷爆發，這當然導致中共高層領導權威的衰退以及使改革政策的推動和運轉不斷出現瓶頸

和停滯現象 ❶。而伴隨著這種現象而來的是，
中共黨機器的權威和功能也不斷衰退；但是，
相對的，國家行政體系卻仍然可以保有它們的
權力，這部份是因為經濟改革並沒有發展到會
侵蝕他們指揮經濟的權力，而部份是因為改革
使得中共必須把很多權力轉移到國家行政體
系；此外，另一個原因是由於高層領導的衝
突，必然導致高層領導必須各自通過掌握國家
行政體系去鞏固他們的權力。隨著上述這種形
勢發展而來的是，政治行政體系的權力出現由
中央往省或更低政府層級轉移的現象，而中央
與地方的政經關係就變成是一種談判、討價還
價甚至是衝突的關係 ❷；中央權威衰退，地方
政策發言權擴張的結果，甚至出現了中央政治
地方化的現象。

　　自中共建政以來，在專政的架構運作下，
長期以來出現社會黨國化的現象，儘管在中共
黨國機器操作過程中存在著條塊問題，但基本
上並沒有影響黨國機器所擁有的對社會的宰制
角色。而隨著改革開放的發展，中國大陸出現

了新形式的政治參與、社會經濟組織的空間，
挑戰黨國機器的宰制角色。

　　無論如何，黨國機器與社會組織集團的關
係，與中央／地方，沿海／內地，黨／政，國
家經濟部門／國家企業，政治／市場這幾組關
係，互相激盪滲透，構成了中國大陸政經社會
發展的主體。而這個主體進程又與中國大陸和
國際政經環境的互動交纏在一起，共同制約影
響未來中國大陸的政經社會發展。隨著改革開
放的發展，中國大陸不斷被納進國際經濟循環
體系中，使中共必須更加依賴國際經濟環境。

　　上述這幾組關係的重組分化使得中共決策
過程更具有政治複雜性，而改革政策的界定與
執行落實問題也更加困難。中共權威的弱化與
權力的分散，通過社會和地方角色的形構以及
某種形式的多元主義的形成來表現出來，而這
些表現伴隨著改革開放所延伸出來的問題，對
中共的政治和經濟體系造成衝擊。

　　對國際市場、能源和糧食的依賴，使中國
大陸進入世界經濟體系形成緊密的相互依存關

係，這變成是中國大陸經濟發展甚至是政治穩定的現實基礎，而這也就成為中共統治的正當性基礎之一。

隨著改革開放的發展，中共解除了它的傳統正當性基礎，把自己置身於一個自己並不可能完全掌握的過程中。一方面面臨傳統正當性基礎的消蝕，另一方面則面臨新的正當性基礎難以合理重建的難題；甚至如果中共要終止改革，反而有可能使中共爆發更激烈的政治衝突，完全瓦解其統治基礎 ❸。為了維繫統治，中共必須持續走改革的路，而這必須持續權力下放，但是中共中央又會害怕權力下放所造成的權威的衰落，於是重振中央權威就會成為中共高層的要求，但這又很難做得到。於是長期以來，中央煞有介事的發號司令，而地方陽奉陰違假裝服從的現象普遍存在。

鄧小平在未過世的前幾年已沒有正式的職位，但卻作為中共的最高領導人；因此，鄧小平的死，或許在形式的權力架構上，不會出現權力真空的現象，但在非正式的權力架構中，

仍會出現誰將塡補實際政治權力的空缺的問題
❹。而目前中共黨國機器的領導班子，都是在鄧
小平認可以及鄧和其他元老討價還價的結果；
因此，當鄧小平死後，相關的接班世代領導人
之間將會爆發權力傾軋，而仍健在的革命老人
也有可能繼續介入政治權力繼承過程中，這些
都會造成鄧死後中國大陸政治發展的變數。

　　在鄧後的短暫幾年內，中共高層政治將是
不穩定而且充滿張力的，中央政治領域的權鬥
將不可避免，而這種權鬥將進一步促使中央政
治地方化，中央政治人物或力量將必須進一步
尋求地方的奧援，反過來，地方官僚和幹部將
可以更大程度的體現「上有政策下有對策」的
能力。這種現象將激化黨國與社會的對立關
係；許多人尤其是城市民衆，將會進一步與政
策或政治保持距離，以避免被捲入政治運動
中，對於官方意識型態和政治的興趣缺缺或冷
漠，這將增加中共政治動員和意識型態操作的
困難度。而隨著中央權威衰退以及黨國機器控
制力的弱化，中共將面臨少數民族尋求自主性

的挑戰❺。

　　總之，期待鄧後中國大陸出現擁有絕對權力的領導者或者領導者企圖擁有絕對權力都是沒有意義的；地方領導權力的增長以及社會相對於黨國機器自主性要求的升高，將使中國大陸呈現分散化的權威體系，而中央任何企圖收回地方領導權力的企圖，都將因地方領導不願意自己的權力遭受削弱而大打折扣，中央權力下放的結果實質上是很難再收回的。

　　在鄧小平健康惡化消息頻傳之際，中共於今（1995）年八月上旬至下旬在北戴河舉行中央工作會議。會議環繞著九五計劃引發中央與地方以及地方間的爭議分歧，中南海企圖藉著九五計劃，將中國大陸的經濟發展戰略重點從過去的東部沿海經濟區轉向中、西部內陸經濟區，亦即要向中西部傾斜，將投資和貸款向中西部集中。

　　在此次北戴河會議中，中西部等經濟發展相對落後地區趁勢強力要求，縮小內陸地區和沿海地區經濟差距，增加政策優惠及投資力

度，並把矛頭對準上海、廣東及各經濟特區。
這些地區在政策上長期處於不平等地位，中央
對他們投資明顯不足，再加上工農剪刀差的運
作，這些地區的經濟利益不斷流向沿海地區。
但是沿海地區則認為，九五計劃如何將經濟發
展重點作轉移，基本上是背離鄧小平先使部分
地區富起來的路線。主管中國大陸經濟工作的
副總理朱鎔基曾於北戴河會議中表示，目前中
國大陸東西部存在經濟發展的差距，這種差距
已愈來愈大，導致中國大陸經濟發展的嚴重不
平衡，今後要把縮小東西部經濟差距作為一個
長期的經濟方針。

　　在中共中央強調要平衡地區發展的形勢壓
力下，深圳市委書記為深圳發展經驗辯護，表
示取消特區是違背鄧小平上述的路線；而中共
新華社在八月廿一日發表題為〈深圳成為中國
經濟最具活力的增長點〉的述評，文章中不提
深圳所享有的優惠政策，並且儘量不提「特區」
這兩個字。

　　據外電報導，中南海的領導人在北戴河會

議期間不斷強調中央宏觀調控的重要性和必要性，但沿海地區則以大陸經濟成長速度減緩、物價漲幅已下滑爲由，強調必須調整宏觀調控的作法，有些地方甚至還懷疑中央藉宏觀調控向地方大舉收權，挽回日益衰弱的中央權威。

綜合各種報導顯示，北戴河會議除了在深化國有企業改革這一點上達成共識外，各地區在未來五年如何分配大陸經濟和政策資源並未達成共識，以致於九五計劃並未獲得定稿，北戴河會議後將會持續論辯尋求相互的可能妥協。

中共強調所謂改革或建設有中國特色的社會主義，就是要改變改革前的高度集中的指令性計劃模式以及與之相應的高度集權的管理體制；而這種模式和體制的最嚴重缺點就是權力過於集中，於是下放權力成爲改革的重要主軸。從五○年代末開始，一直到七九年前，中共也曾經嘗試過幾次權力下放，但基本上只是中央與地方間關於經濟權力的收與放的反覆而已，亦即都只是在中央與地方管理權限劃分的

問題上轉，而改革以來，尤其是八四年十二屆
三中全會以來，中共積極推動企業改革，擴大
企業自主權，想使企業成為相對獨立的經濟實
體，以擺脫中央與地方與經濟權力上爭奪的循
環；但是，基本上，中國大陸的政經運作並沒
有改變中央與地方爭奪經濟權力的循環格局。
權力下放的經改模式是中共改革開放的主軸，
也是中共繼續深化經濟改革不可或缺的條件，
而放權讓利卻必然增強地方與中央討價還價的
籌碼，甚至導致中共領導階層對權力下放策略
意見的分歧，引發高層內部的路線爭議。

　　經濟地方主義是改革開放以來奉行部份地
區先富起來的必然結果，目前中共中央想要通
過九五計劃改走各地區共同富裕的道路，在某
種意義上是想消除經濟地方主義，但在這種企
圖背後可能就存在著刻意抹去地區差異現實的
平均主義盲點；而在這種平均主義盲點背後，
其實還隱藏著中共高層壓制地方勢力的意涵；
過去中共高層藉拉攏地方以推動改革，而目前
為了擺平地方勢力，則透過要求平衡東部和內

陸經濟發展的平衡，讓地方之間形成微妙的互
相制衡的關係。此外，從九三年下半年以來，
北京以防止經濟過熱爲由進行宏觀調控，基本
上也不無壓制地方勢力的意圖，而宏觀調控確
實與地方的政治和經濟利益之間存在著矛盾衝
突。

　　中國大陸經濟地方主義現象的蔓延，雖然
並不會使中國大陸大一統的格局發生變化，但
無可避免地將逐漸轉變爲多中心主義的政治經
濟格局，而這將導致中共政治高度的地方化，
爲了適應政治地方化的傾向，中共勢必要調整
其黨的組織架構以及黨群關係的定位使其朝地
方化的組織型態方向發展。而最重要的是，中
共若欲維持經濟的穩定成長，必須進一步將權
力下放，亦即中共自然必須放鬆中央對地方的
控制，並且避免以行政手段干預經濟運作。

　　目前中共形式上的政治繼承者是江澤民，
他擁有黨總書記、國家主席和中央軍委主席等
職位；不過，儘管他卡了這些位置，但在鄧後
眞正的權力鬥爭開始後，他能否撐得過去頗値

得懷疑。除了上述的原因外，主要是他並不是
真正信仰改革者，而只是追求權力的現實主義
者，再加上江澤民缺乏軍隊經驗，無法擁有像
鄧小平般的軍隊效忠❻。

　　繼中共十四屆四中全會以來，江澤民的政
治動作就格外引人注目，首先拔擢其所喜歡的
地方官員上調為京官，擴植其權力的地方基
礎；其次，藉反腐打擊挑戰其權威的地方勢
力；此外，更藉民族主義的強調，警告地方諸
侯不得違抗中央；更重要的是，積極抓軍爭人
事權，企圖以槍桿子來穩住他在鄧後時代的權
威。在這些權力技術面的佈署外，江澤民更在
十四屆五中全會閉幕式揭櫫所謂「論十二大關
係」，展開讓其思想問鼎中共意識型態結構位
置的政治工程。

　　江澤民上臺面臨經濟改革所延伸的種種結
構性難題，其中尤以經濟過熱、通貨膨脹、腐
敗，能否以及繼續推動改革案棘手問題嚴重衝
擊江澤民。而從江澤民向九○年代所採取的種
種動作看來，江澤民仍然選擇了一條不根本觸

動中共的既有政治體制，並且其制約下力求動
態平衡的前提下去解決上述的問題。其結果就
是江澤民祭起了傳統的行政調控手段、民族主
義愛國主義以及黨領軍的種種訴求，讓人感覺
中共的政治發展進化的步調是何等的步履蹣
跚。

　　中共自八○年代的改革，基本上是在不根
本觸動既有政治體制的前提下，並且通過以下
的策略，漸進的展開：(1)從八○年代起實行財
政分灶吃飯制，將財經權力下放給省，獲得省
和其他自治區對於改革的支持，形成以地方包
圍中央反改革力量的態勢；(2)在國有國營企業
之外，支持鼓勵私營、集體、外資和特區企業
的發展，在計畫之外另造一塊市場，不觸動國
有體制，但以市場發展給國有企業壓力；(3)依
農業改革先於城市工業改革，以不影響工業部
份的利益爭取工業部門的支持；(4)放緩價格和
稅制改革，以不致於激烈改變工業部門的利益
結構使其不會反對改革；(5)允許計劃和市場雙
重體制的長期存在，以免因為觸及計劃體系的

利益而遭致嚴重的抵制。

　　中共從如此這般的政治邏輯去設計經改，雖然使經改得以步步開展，但是財政權力下放導致地方保護主義抬頭，以及經濟過熱和通貨膨脹；而價格雙軌制和體制雙軌現象的存在，更導致嚴重的腐敗貪瀆；此外，重東部輕中西部的開放策略，更導致中國大陸區域發展的嚴重失衡，而工農產品價格剪刀差的問題也得不到舒緩；這些在在都會反噬經改的成果，而演變成嚴重的政治問題，天安門事件的爆發與這種形勢的發展有著相當密切的關係。

　　江澤民上臺後，面對上述這些形勢的巨大壓力，一方面必須思考如何才能把經改搞下去，而另一方面又必須處理經改種種的結構性的負效應。其中反腐，或抑制經改過熱與通膨，對江澤民而言可能還算是比較「容易」，因為有行政手段可用；但是，國有企業在市場化發展衝擊下無法繼續維持的問題，以及如何保證經改如何不會觸動中共政治體制，影響江澤民的地位，則是讓江澤民相當苦惱的問題。因為儘

管中共一直迴避從經改發展邏輯可能壓迫中共
必須進一步改變計劃體制以及進行政改的問
題，可是這個問題卻以結構性的壓力不斷進逼
江澤民，而從江澤民的種種動作看來，他似乎
仍然相信可以沿續八〇年代的道路；而且，江
澤民非常微妙的將整頓經改負效應的問題，擺
在如何進一步深化改革之前，並以整頓爲名，
繼續以既有體制所賦予的行政力量來干預操作
經改。

　　江澤民也許仍然深信可以不必進行進一步
政治改革就可以繼續穩住中國大陸的經濟發展
方向，可是因爲政治體制的不能配合所導致的
經濟發展的種種難題將會繼續嚴肅地衝擊江澤
民；江澤民所能選擇的方向，可能就是在不抵
觸集體領導，地方政治經濟角色上升的前提下
探索一條既要塑造自己權威但又必須允許經濟
相對於政治、以及地方相對於中央、社會相對
於國家機器的自主性的道路。

　　至於李鵬，雖然一九八九年後改革形勢的
發展似乎有使他的政治地位趨於邊緣化的傾

向，但他的政治角色並沒有如外界所評估的那
麼差，這可能與他的黨內有頗強的支持有關。
而李鵬也是中共黨內「鳥籠改革」勢力的主體
象徵，這使他在黨內當然會擁有一定的支持，
更重要的是，當改革出現嚴重負效應、頓挫，
或中共政治地位受到挑戰時，李鵬就有可能成
爲被拱出來的重要籌碼。再而，就算軍隊也不
見得喜歡他，但軍隊在一九八九年在他的戒嚴
令下鎮壓了天安門事件，爲了避免鄧後天安門
事件被翻案，軍隊恐怕也不能排斥他，甚至必
須與他形成微妙的聯盟關係❼。

　　朱鎔基在五○年代曾因爲發表自由化傾向
的觀點而受到責難；一九七八年他主持工業經
濟中心，接觸了許多改革者和改革理念；在一
九八九年事件中，朱與江澤民採取較不血腥的
途徑解決了上海的動盪局面，朱的改革者形象
是較爲鮮明的。他在一九九三年成爲中共第一
副總理，負責經濟調控，但結果被認爲是失敗
的，這對其權力地位當然是有所傷害的；甚至
會影響其在鄧後的前途。不過，從種種跡象顯

示，分析家認爲，他在鄧後會傾向於走改革的
路線；不過，他的命運也有可能像前蘇聯的戈
巴契夫一樣，遭到改革和保守勢力的雙重擠壓
❽。

　　另一位經常被提到的人物，是比朱鎔基還
年輕，鄧死前專管中共意識型態工作的李瑞
環。李曾經治理作爲重要沿海開放城市天津，
被認爲有卓效；而後來李雖然處理意識型態工
作，但仍然被視爲具有自由化傾向的心態，再
加上他在鄧在世時並沒有位高權重；因此，在
鄧死後反而有可能比較不會成爲權力鬥爭的焦
點，而繼續扮演微妙的重要政治角色，甚至成
爲各方爭取結盟的對象。而如果朱鎔基在鄧後
能往上爬的話，李可能可以扮演重要支撐角
色；如果朱在鄧後失勢，李有可能成爲延續改
革路線的重要代表人物❾。

　　至於胡錦濤，也是屬於較年輕世代的政治
人物，具有技術官僚的專業性，曾經與胡耀邦
過從甚密，並擁有其他政治人物少有的治藏經
驗。他予人的總的形象是謹慎的支持漸進改革

的人，如果鄧後李鵬因爲其高度爭議性而失勢
的話，胡錦濤就有可能往上爬❿。

　　另一位值得注意的人物是與鄧小平同屬中
共第二代領導人的楊尙昆；楊尙昆是中共的革
命元老，有革命資歷，並擁有主持廣東省政和
中央軍委的經歷，從三〇年代後期以來就和鄧
小平關係親近。他在鄧後如果健康不出問題的
話，應該可以「老一代政治家」、資深軍隊經歷
等因素繼續發揮其政治角色；尤其後面這項因
素可能對於鄧後政治人物的權力地位有重要的
影響。不過，鄧尙在世時的最後幾年，共軍的
政治生態已有所轉變；楊尙昆在鄧後對軍隊的
影響力也不能太過高估 ⓫。但是，可以預見的
是，鄧後中共新一代領導人都很難再像鄧般建
立與軍隊的親密關係，並且受到軍隊的堅定支
持，而軍隊在鄧後的初期權力鬥爭中是扮演舉
足輕重的角色，這可能將使鄧後的權力繼承充
滿變數。

　　至於喬石則被認爲是一位神秘人物，甚至
還被稱爲中共高層政治的藏鏡人，這與他從八

〇年代以來一直負責黨的內部事務和公安有關。不少人認爲，他在鄧後將扮演重要角色，甚至成爲最有實權的人物，不過，喬石在鄧後的角色將可能與鄧在時是相接近的，依舊是模糊而難定位的。這種性質使他有可能最多成爲使鄧後政治發展過渡到新階段的過渡性人物，這種角色就像前蘇聯的安德洛波夫（Andropov）的角色，扮演一個使蘇聯過渡到戈巴契夫階段的過渡角色❷。

　　從八〇年代以來，北京最大的難題是，一方面只能不斷使用行政手段來解決由於經濟過熱所導致經濟失衡現象，但這種效果却隨次遞減，而另一方面又必須持續採取進一步經濟改革措施，以保經濟能持續快速的成長，但是經濟成長總導致嚴重的經濟過熱。如何在抑制經濟過熱和維持經濟成長之間取得平衡，成爲北京重要的政治議題，而對於經濟過熱如果抑制不力往往會成爲政治人物的政治負擔，甚至引發政治風暴。此外，北京的另一個難題是，一方面爲了推動改革開放必須將權力下放，但另

一方面又害怕地方挑戰中央的權威，而處心積慮的想主導或影響地方的政治和經濟方向。不過，地方在鄧在時就已擁有和中央討價還價的能力，而且政治角色不斷攀升，中央根本不太可能再收回下放的權力。

再而，隨著改革開放的發展，在權力下放、接納市場機制的同時，也不可避免的相對放鬆社會控制；而整個社會階層圖象也重新區隔重劃，使得原先北京所賴以操控社會的組織行政手段也相對失去效用。值得注意的是，由於一九九三和一九九四兩年經濟調控成效不彰，北京對於掌握改革過程的能力深感不安，而由此所延伸出來的是，對於黨能否繼續對經濟甚至社會保有控制能力深感憂慮；這種憂慮再加上中央對地方無法駕馭的權力失落感，構成了鄧在時中共中央十四屆四中全會之所以集中討論黨的建設宏觀氛圍。而由於改革開放所延伸出來的政治和社會結構的變化，中央在農村的基層組織幾乎有三分之二處於癱瘓狀態，許多村黨支部和鄉鎮黨委都已名存實亡，這使得中共

黨機器的運作出現嚴重危機，而黨國機器整體
運作的效能當然也就陷入困境之中。

　　上述這種現象，將可能使中共中央高層權
力繼承出現效力不出都門的現象；鄧在時的十
四屆四中全會企圖使用「黨的建設」的傳統手
段來挽救黨的運作功能，都無法奏效，更何況
在鄧後缺乏鄧權威的支持，中共中央恐怕更難
找出具體的對策來解決問題。換句話說，在鄧
後，中共中央高層的權力轉移繼承對於地方而
言是形式意義重於一切，恐怕很難對地方產生
實質的影響和衝擊。

　　雖然江澤民在十四屆四中全會努力提拔上
海幫，提升黃菊到政治局，並使政治局委員吳
邦國同時也兼任書記處書記，以便進一步鞏固
其地位，但江澤民仍然只是鄧權威尚在時高層
妥協下的人選，並非眞正的強人。不過，由於
鄧在時，權力的妥協轉移已然展開，因此在後
鄧伊始的權力轉移應該會尙稱平順；不過，江
澤民在鄧權威的支撐之後，必遭致高層及地方
政治力量的嚴重挑戰。討論鄧後中共政治權力

轉移的問題，千萬不能只從尋找鄧的單傳的接
班人的角度切入，因爲鄧後的中共的政治領域
將是更加分散的系統，而其中最重要的是區域
性領導者的權力將更形攀升，他們不再會把支
持中央領導視爲他們應該要盡的義務或責任；
而他們就算晉身中央，仍然努力保持與地方權
力基礎的緊密關係，以作爲其在高層的政治籌
碼。

　　如果鄧後的權力移轉是在中共體制內進行
的話，當然我們可以從目前中共中央和地方的
實力人物去進行分析。但如果像一九八九年的
東歐出現革命性的變化的話，那麼海外甚至大
陸內部的異議人士就有機會，但異議人士在海
外並沒有一個有效統一的組織來支持，而大陸
內部的異議人士就如魏京生也仍然缺乏足以號
召人心的威望。

　　當然有人會注意到趙紫陽在鄧後掌權的可
能性。趙在天安門事件是被視爲因爲企圖採取
較懷柔溫和手段甚至較自由化手段而被黜；這
可能是其在鄧後作爲政治籌碼的有利因素。不

過，一九八九年以後的大陸政經發展已非一九
八九年時情景，再加上軍隊當年參與倒趙，相
當部份的軍頭可能會傾向反對趙復出。如果趙
真能復出，意味著軍隊內部分裂的深化危機。
當然，我們不能排除趙紫陽在鄧後政局擠壓下
重返權力中心，重演當年葉爾欽角色的可能。

其實，不管誰在鄧後掌權，中國大陸的政
治系統將更呈現分散化，任何人都很難再獨享
最高權威的地位，整個政治系統將是一個互相
具有自主性政治人物的集體領導的格局。中央
政治組合的地方化和區域化可能趨於明顯，中
央官員與地方力量聯手壟斷排擠其他力量的現
象，將可能成為未來中央政治運作的主要圖
景。而軍隊由於缺乏有效權威的約束，將比鄧
在時有更大自由度去介入中央與地方事務，這
可能將增加未來大陸中央與地方政治運作的變
數。

吳邦國和姜春雲在一九九五年中共八屆人
大第三次會議上獲增補為中共副總理，吳的得
票率為85.97％，不算高，而姜春雲得票率則僅

有63％；這種現象反映了中共政治發展的一些
現實。

　　首先，從中共十四屆四中全會以及此次人
大會議中吳邦國的平步青雲，已具體的顯示中
共中央政治地域化的格局已隱然成形；而從此
次人大投票結果也顯示地方已能透過人大表現
出更加突出的政治角色。這種形勢的出現很微
妙的侵蝕了中共黨國一體化的結構，使其原已
開始鬆動的趨勢更加顯化。

　　隨著大陸改革開放的發展，中共中央政治
的沿海化或上海化似乎是一種必然的現實，這
種現實雖然對大陸地方政治勢力構成結構性的
制約力，但是很顯然的地方對此現實結構並不
會一味遷就。而這次人大的表現就具體反映大
陸這種有趣的政治圖象：地方與中央的政治較
量已經活生生的上演，一方面北京高層京官必
須積極以地方為奧援，而另一方面地方已可以
反挫高層權力人事安排的銳氣。這種趨勢似乎
已經在向人們預告，人大將是後鄧時期大陸各
種地方勢力以及各種政治力量重要角力的場

所。

　　按照中共政體設計，大陸是所謂的人大
制，人大是最高政權機構，擁有包括台北立法
院、國民大會甚至是監察院的職權，其法律的
位階還高過國家主席和國務院。因此，隨著北
京黨國一體化結構的鬆動，人大尤其是其常委
會將成為大陸的政治巨獸，牽動大陸政治運作
的敏感神經。

　　此外，隨著地方政治角色竄升所導致的黨
國一體化結構的鬆動，最會令北京憂慮的是黨
機器傳統支配力的弱化現象隱然已經從基層往
上蔓延，在中央層級的政治領域具體表現出
來。中共十四屆四中全會時，北京把「黨的建
設」列為首要議題，已顯示其對黨機器貫徹中
央意志和決策功能的深沈憂慮，而今人大的這
番表現恐怕會使江澤民更加難以心安，江澤民
也許應該要深切體認到中共黨機器的結構機能
已經產生了他所不願見到的變化。

　　而伴隨著中央政治地方化、中央與地方政
治聯盟結構的隱然形成，就是中央政治必須更

進一步的與地方妥協和討價還價；這意謂著中共中央想要獨力完成人事布署的可能性將充滿更多變數或甚至持續降低；而伴隨著這種形勢而來的是，以地方力量為取向或主體的鬆散式集體領導的格局將成為不可避免的趨勢，將來如果沒有地方力量為後盾，中央權力的更迭和轉移將徒具形式或甚至變成不可能。

隨著改革開放形勢的演變，大陸的政治發展趨勢早已使鄧小平因素的影響力日趨降低，既成的政治結構現實是後鄧時期政治發展基礎，鄧的因素充其量只是制約發展的酵素之一而已。

可以預見的是，在鄧後中共仍然會不斷強調其是維持國家統一以及避免社會秩序全面崩潰的不得不然的選擇，而這種論調仍然可以相當程度的吸引人們的心裏。

在另一方面，伴隨著改革開放的發展，中共的活動不斷朝向地方化或本土化，並且使本身展現更大的經濟角色和功能，黨組織不只是一種政治組織更是一個社會經濟組織，通過這

種角色的改變與當地和本土的企業和經濟力量
合流，而這又使得中國大陸經濟管理和行政管
理的權力分化現象趨於定型。

　　值得注意的是，中國大陸地方主義的發展
並不會導致聯邦主義現象在大陸出現，聯邦主
義體制的運作，通常是在司法體系能有獨立仲
裁角色的前提下，一種法治化的權力運作模式
❸；目前中共政治體制仍然充滿人治色彩，但
又遭到權威衰退的困境，而中共面對此形勢的
制約反應勢必就是祭起民族主義大旗，來控制
各路諸侯的地方主義意識，或者以反腐和強調
經濟宏觀調控的必要性，來防止地方主義意識
坐大的變局；民族主義對於鄧後的中共而言，
不再只是對外的意涵，而具有中央與地方角力
的政治意義。

　　在鄧後時代，儘管中共不會放棄黨軍一體
的結構，但是要求或期望解放軍去政治化或專
業化甚至是國家化的聲浪將可能攀升，黨軍一
體以及軍隊專業國家化路線的分歧將成爲鄧後
高層政治衝突的核心。而值得注意的是，改革

開放以來，中共高層爲了拉攏解放軍不反對改革，基本上賦予了軍隊經商介入經濟事務活動的權力，而且爲了擴充實質的軍事預算，也必須通過解放軍所屬企業的商業經濟活動來籌集；準此以觀，軍隊介入社會經濟和商業的競爭和衝突之中將不可避免。

可以預見的是，軍隊勢力在鄧後政治轉型過程中，將扮演重要的角色；亦即軍隊政治角色的攀升將是不可避免的事情，但是，在改革開放的經濟大潮的衝擊下，解放軍已經不再能被視爲鐵板一塊的實體，而且黨面對中央與地方齟齬嚴重時，解放軍將面對較尷尬的選擇表態的難題；不過，由於文革以及過去動亂經驗制約所形成的害怕激進的政治變遷造成嚴重的社會失序現象的心理，大陸人民可能會允許軍隊介入社會事務之中，而這種心理將與上述要求軍隊國家化的方向形成矛盾。值得注意的是，這種社會心理有可能成爲鄧後中共高層排除徹底政治改革的合理化辯護的基礎。

二、社會經濟形勢的可能發展
方向

　　隨著改革開放內在邏輯機制的制約，中共必須被迫針對基本的政治結構進行改革；而且改革開放所激發的人們的期望，也會壓迫中共必須面臨基本政治結構改革的壓力，這種壓力在鄧死後將更明顯表示出來；不過，中共在面對這些壓力的基本底線是不能威脅中共統治的地位，當然更不能威脅中共的政權。可以預見的是，鄧後的中共權力接班人，除非面臨黨內外的重要變數，否則將不會放棄黨國體制一元化的領導地位；當然，鄧後的中共領導會繼續強調改善黨國體制運作的弊端，完善黨國體制的運作效率。值得注意的是，在鄧後中共政局中，我們不能排除由於政局擠壓而使政治人物高舉民主旗幟誓言政治結構徹底改革的可能性；不過，從八○年代末以來，我們可以發現許多隨著改革開放所促動的政經發展而形成的

種種新興勢力對於民主化的態度基本上並沒有如一般現代化理論擁護者所期待的有著很高的興趣和企圖心，而是抱著一種毋寧是淡然的態度，造成這種社會現象的重要原因是中共的黨國體系力量透過改革開放轉換出不同的面貌，介入許多新興力量之中，或者成爲所謂新興力量的主體，不少黨國體系的成員或機構搖身一變兼具有國家與社會的雙重身份和角色。這種現象在鄧後將會持續擴大發展在這種形勢發展過程中，這些社會的新興團體的主要社會行動的關鍵，並不是去挑戰中共的統治權威，而是與中共維持某種均衡和諧的關係，從而使中共繼續維持改革開放的局面。

中國大陸陷在新舊二元體制矛盾困境的局面將持續存在，而與此矛盾機制相牽扯的通貨膨脹、官僚貪污腐化以及許多社會經濟脫序現象，尤其是由於區域發展差異所延伸出來的經濟資源分配不平衡以及由此導致的大量盲流流動的問題，將持續嚴重腐蝕中國大陸的經濟運作。儘管北京企圖在九五計劃中，嘗試扭轉區

域發展差異，但是在地方保護主義和本位主義
以及條塊制約下，北京的這種努力勢必面臨巨
大的難題，區域發展差異現象將不斷延伸發展
下去。

　　在鄧後中共所面臨的另一重要的經濟難題
是，國有企業的改革能否順利進行的問題；國
有企業改革涉及層面的複雜性是超乎中共想像
之外的。中共要釐順經濟改革的未來進程勢必
一定要進行國有企業改革，但是國有企業改革
涉及到是否衝擊中共政權「社會主義」標誌以
及整個經濟資源重分配，如果處理不慎將有可
能動搖中共原有的統治基礎，摧毀社會主義社
會安全體系，引發社會人心不安，甚至導致國
家資源的流失以及受到私人集團的壟斷，造成
巨大的資源分配不公的現象，引發社會政治的
不安。此外，值得注意的是，伴隨著新舊二元
經濟體制同時存在的矛盾困境而來的是，國家
計劃經濟體制和市場機制的界限模糊，這使得
私營企業或國有企業都能遊走法律邊緣，形成
某種合作聯盟，一方面使私營企業能規避稅賦

或銷售渠道，另一方面使國有企業能利用這種
模糊所造成的價格雙軌現象爭取原料或物品高
額的利差。在這種情境中，賄賂貪污必然成爲
規避責任與風險的手段，這些現象都將繼續存
在於鄧後時期，甚至有可能更趨惡化，並且伴
隨著由於多種經濟成分混合所導致的經濟體制
功能的混亂，衝擊中共統治的權威和基礎。

　　還有，改革開放時期，特別是在城市所實
行的相當嚴格的一胎化政策的社會效應將在鄧
後具體表現出來，在一胎化政策成長的新世
代，其價值認知體系和圖象無法與中國的期望
相配套，這將造成中國大陸世代間的衝突，以
及使本來就很難運作的中共意識型態更加難以
運作❶。

三、兩岸關係的可能發展方向

　　到一九九六年，台灣的政治職位，上從總
統下至基層民意代表都是通過選舉產生，這種

民主化的發展被北京視爲脫離中國大陸母體邁
向獨台其至台獨的象徵；而伴隨著這種民主化
而來的是，台灣要在求國際社會擁有自主角色
的意識也高漲起來，直接衝擊北京企圖替台灣
所安排的國際角色。這些都將引發北京的不
安。而且，相對於台灣，北京的權力繼承和轉
折，都仍然脫不了人治和非制度化因素的制
約；台灣的政治正當性可以透過民主過程來加
以證成，而北京則仍然必須通過中共強調自己
的宰制角色來維繫，這將促使北京對台灣政局
發展的疑慮加劇。這是李登輝總統訪美之所以
會引發北京激烈反應的深層原因。

　　隨著九七香港要被北京收回去，對台政策
在北京的權力繼承政治的角色將不斷攀升而且
在權力繼承角逐過程中，台灣問題將成爲政策
訴求或政治攻擊的手段或工具，而伴隨著這種
形勢而來的是，北京的對台政策將趨於不穩
定，而兩岸關係也因此將陷入充滿變數的狀況
之中。

　　爲了避免弱中央強地方的政治格局的出

現，北京高層勢必要祭起民族主義大旗；而且
爲了壓制各路諸侯高漲的地方主義意識，北京
就必然會在香港和台灣問題上採取強硬手段；
中共在確定能收回香港主權，並掌握香港發展
前途後，就企圖能眞正有效地控制台灣未來的
命運，而隨著九〇年代以來台灣政治發展更加
的民主化，北京就更加擔心無法以一國兩制作
爲兩岸統一的條件，亦即北京憂慮其一國兩制
架構和訴求根本罩不住由於台灣民主化發展所
延伸出來的對兩岸關係未來前途的要求壓力。
而台灣民主化發展也將造成中國大陸是否要進
行民主化政治變革的壓力，這種壓力將轉化爲
對台灣政局發展的厭惡；而且，可以預見的
是，任何鄧小平的權力繼承人，沒有人會承諾
放棄把台灣統過去的工作；而隨著台灣民主化
的發展擁有更加自主的政治正當性時，台灣當
局可能面臨的危機是鄧後的權力接班人爲了樹
威，並且在保守的軍方勢力的壓力下，通過武
力壓制台灣的政治民主化發展，尤其在鄧後由
於缺乏像鄧小平這樣的權威人物，中共高層將

失去在對台問題上的仲裁機制，北京領導人有
可能會選擇寧左毋右，亦即以強硬手段並且祭
起民族主義大旗來對付台灣，因此，鄧後的兩
岸爭端將會持續不斷。

　　由於地方擁有相對於中央的自主地位，北
京就算祭起民族主義大旗很強硬的指責批評台
灣；但是，為了避免被地方認為有可能傷害其
經濟利益，北京將允許地方繼續在政經分離的
藉口下，採取各種手段安撫台商；台商在大陸
所造的地方利益或整體利益，在某種程度上會
制約北京以軍事手段在台灣問題上的激進表
現；而台北除非萬不得已也不願或不敢要求台
商撤離中國大陸（事實上也很難辦到）。在台商
雲集的地區，北京甚至會擔心就算對台採取強
硬手段，這些地區不見得會願意採取與北京完
全一致的步調；事實上，在鄧後充滿變數的兩
岸關係中，一些台商雲集的地區有可能成為北
京與台北的緩衝區。

　　北京權力繼承的張力和不確定，以及鄧後
的兩岸關係的變數叢生，將降低台商繼續赴大

陸投資的意願，而且也使已在大陸的台商不太
敢進行長期大規模的投資計劃。再加上貨幣的
短缺，沈重的外債負擔，也將削弱北京提供台
商分享大陸內部市場的能力。而且，北京的龐
大財政赤字以及免不了的經濟調控和通貨膨
脹，都將使北京在增加基礎建設上困難重重，
甚至使北京無法與亞洲其他國家競爭吸引台商
（儘管大陸對台商有語言文化的方便之處），
更重要的是，中國大陸與其他市場經濟存在相
當巨大的制度差距，再加上國際經濟保護主義
的興起，中國大陸在國際市場的競爭力將不可
能有明顯的增加，這都會使台商到大陸的投資
和經商意願大打折扣❶。在鄧後，地方領導，
尤其是沿海地區，他們將會追求擁有相對於北
京而有自主性的改革和開放政策，而這當然可
能包括要求能比較自主的經營與台灣的關係；
在這種結構形勢的壓力下，為了維持政治和經
濟穩定，鄧後的領導層可能被迫必須改善與台
灣的關係，這樣一來，北京與台北妥協的空間
可能擴大。在鄧後時代，兩岸各自的政治和經

濟發展所牽動的形勢將是影響兩岸關係的主
軸；不過，華盛頓在兩岸關係上仍將具有很大
影響力；北京仍然會將台灣問題納入美國牌之
下，北京一方面會繼續以民族主義排除美國介
入台灣問題的可能性，而另一方面則會以維持
北京和華盛頓的正常化關係來壓制台灣可能的
突破國際空間的努力。可以預見的是，鄧後可
見的幾年，兩岸的統一或台灣獨立都是不切實
際的，在這兩個問題上有任何躍進都將在台灣
內部以及兩岸間引來緊張和不安，甚至導致兩
岸的軍事衝突進而影響整個亞太地區的穩定。

　　北京於李登輝總統訪美後，嚴厲抨擊李總
統背離民族主義，而江澤民在中共紀念抗戰勝
利五十週年時，又高舉民族主義大旗，並且以
強硬語氣針對台灣問題進行表態，表示將不惜
以一切手段處理統一問題。

　　民族主義躍升為中共高層政治文化的圖
騰，其背後有幾層涵意值得吾人注意：其一，
北京高層藉凸顯民族主義來處理台灣問題，除
了為對台灣舉措作出合理化辯護外，主要是以

此重振或鞏固中央領導權威，壓制在許多問題
上都敢而且可以與中央討價還價的地方力量。
其二，在準後鄧時代的權力繼承過程中，北京
掌權者必須通過民族主義訴求來跨越高層路線
所可能引發的種種衝突，以求達到鞏固當權者
權威的目標。其三，軍頭高舉民族主義大旗，
目的則在於藉以替要求提高共軍的政治角色作
出合理化正當性的辯護。其四，藉民族主義訴
求擋住國際政治力量對台灣問題「介入」的可
能性，並且沖淡台灣走民主化所可能產生的影
響效應。

　　綜上所述，北京高層領導高舉民族主義大
旗，涉及到中共黨與軍、中央與地關係以及權
力繼承等種種問題。在這種背景制約下，北京
在談到台灣問題時，態度的強硬就變成是「無
可避免」的事情。準此以觀，我們當然會關注
或擔心，台灣問題是否會變成為北京高層權力
或路線分歧衝突下的祭品。不過，反過來看，
在北京高舉民族主義大旗背後其實也暴露其政
治和社經發展的諸多結構性難題。如果台北能

明瞭北京目前的處境，一方面將台灣的政經發
展塑造出可以向所有華人訴求的民族主義體
系；而另一方面則以必須質疑北京高舉民族主
義的正當性以及揭露其高舉民族主義大旗的權
力動機。這樣我們首先在義理上站得住腳，然
後再以民主化的進程，將台灣的多元化發展納
入合理規範下，穩住台灣的政治主體性，進而
重建兼顧社會正義和經濟發展的社會結構，這
樣台灣才能擋得住北京以民族主義爲基礎所進
行的文攻武嚇的衝擊。

註　釋

❶Gordon White, *Riding The Tiger: The Politics of Economic Reform in Post-Mao China,* Stanford Univeristy Press, p.234.

❷Ibid..

❸Daivd S.G. Goodman & Gerald Segel, *China Without Deng,* An Imprinted book, 1995, p.2.

❹Ibid., pp.3～4.

❺Zhiling Lin & Thomas W. Robinson eds., *The Chinese & Their Future: Beijing, Taipei & Hong Kong,* the AEI Press, 1994, p.424.

❻David S.G. Goodman & Gerald Segel, opcit., p.6.

❼Ibid., pp.6～7.

❽Ibid., pp.7～8.

❾Ibid., pp.8～9.

❿Ibid., pp.9～10.

⓫Ibid., pp.10～11.

⓬Ibid., pp.11.

⓭Ibid., pp.91～92.

⑭Zhiling Lin & Thomas W. Robinson eds., opcit., pp. 424～426.

⑮Ibid., p.53.

第六章
市民社會概念的應用

一、葛蘭西的市民社會概念

　　在西方古典自由主義的傳統中，市民社會（Civil Society）與國家是被等同起來的，如洛克與休模即把市民社會等同於國家，把市民社會當成國家的一個環節。但是到了黑格爾的手中，才比較清楚地區分市民社會與國家的範疇。就黑格爾看來，市民社會所代表的是體現個體性與個體利益的領域，同時市民社會也是個體學習團體行動的價值以及學習相互依賴必

要性，進而參與國家機器的政治作爲的一個領域。

　　換言之，市民社會一方面是作爲私人領域及需求領域而存在；但是它又作爲市民與國家之間溝通的中介橋樑。黑格爾認爲，國家是作爲公領域而存在的，是作爲人們追求普遍利益、民族國家利益的領域，它是通過一個集中的政府機構及超越階級的公共權威來加以運作的。

　　在黑格爾、馬克思、恩格斯之後，順著德國思想發展脈絡而來，市民社會這一概念的復活，在一定程度上是拜葛蘭西之賜。葛蘭西賦予馬克思主義市民社會新的意涵。同時也把黑格爾對市民社會概念的理解，帶進他的詮釋架構中。因此葛蘭西對市民社會的論述，對西方政治思想的發展過程起了相當重大的意義。葛蘭西使馬克思主義和黑格爾主義市民社會的概念重新復活，他將馬克思與黑格爾二者的市民社會概念重新調和起來。

　　葛蘭西在論述市民社會概念時，一方面承

繼馬克思主義的遺緒，另一方面則又深受黑格
爾的影響。就葛蘭西看來，馬克思理論體系中
的市民社會概念，絕非是恩格斯所理解的將市
民社會直接等同於經濟基礎。葛蘭西認為，若
是如恩格斯般將市民社會直接等同於經濟基
礎，那就犯了嚴重化約主義的錯誤，而會步上
經濟決定論的歧途。就葛蘭西而言，市民社會
與其被等同於經濟基礎，倒不如應被納入上層
建築的範疇中，尤其是上層建築中的文化意識
領域中的一部份。葛蘭西對國家的理解是站在
古典馬克思主義的基礎之上，他認為國家是階
級宰制的機器，而國家機器是掌握在擁有生產
資料所有權的階級手中。資產階級通過對國家
機器的掌控，使國家機器成為資產階級強制性
的工具和手段，遂行對其他的階級的政治宰
制。

　　葛蘭西這種理解方式，走的是馬克思主義
的道路；不過葛蘭西強調，在當代高度發達的
資本主義的社會裡，擁有生產資料所有權的階
級就可以控制政治統治的國家機器，也就獲得

政治宰制的地位。同時這一階級會進一步通過
對市民社會的控制，爲其政治宰制的地位進行
辯護。因此葛蘭西認爲，在當代西方社會裡不
能從赤裸裸的政府系統、如行政、立法、司法
等政治社會去理解階級的統治；我們還必須分
析統治階級如何奪取市民社會並加以掌控，以
作爲其統治權力的合法性根基。所以在葛蘭西
看來，當代西方國家裡，國家機器並不只是等
於政治社會，它應該將政治社會與市民社會結
合起來；政治社會與市民社會之間的關係，是
相互滲透、彼此證成的。

　　根據葛蘭西的分析，統治階級是通過政治
社會逐行其強制性的統治；而此種強制力的正
當性基礎則是存在於市民社會之中，統治階級
通過市民社會的運作，爲其所擁有之強制性統
治工具作合法性的辯護。反過來講，統治階級
在市民社會中所擁有的主導權，則又必須通過
其控制之政治社會中的強制力來確保。所以葛
蘭西指出，在當代西方社會裡，統治階級不只
須要握有政治社會的強制力，同時還要擁有市

民社會的主導權或霸權，在整個政治社會中的宰制或市民社會中的霸權，雙方相輔相成。統治階級通過政治社會與市民社會去擁有政治社會的宰制權與市民社會的主導權，才能維護它的統治基礎及權力運作的合法性。

順此觀念延伸下來，如要在當代西方社會中進行政治或革命運動，首先就必須與統治階級進行市民社會主導權的爭奪。亦即在上層建築的政治位置上進行主導權的爭奪戰；爭取市民社會的主導權即是爭取民心的依歸。葛蘭西認為，這種市民社會主導權的爭奪，無論在理論上或是在實踐上，都應擺在權力鬥爭之前。如果一個集團無法與統治階級爭奪市民社會的主導權、贏得民心的歸向，而企圖直接使用暴力的手段奪取政權的話，這只是以卵擊石的自殺式行徑。暴力革命只有在相對落後、只有國家沒有市民社會存在的地區才有可能。從葛蘭西的觀點看來，列寧主義所強調的精英主義革命，只能發生於市民社會不存在的地區。總之，在當代西方社會裡，統治階級不僅握有統治社

會的宰制權力，而且也握有市民社會的主導
權。要在當代西方社會裡進行革命活動，一定
要先爭奪市民社會的主導權，亦即爭奪民心的
歸向；在奪取人民的向心力之後，權力的爭奪
即成為順天應人、水到渠成。

在葛蘭西看來，當代西方社會的統治階級
不會只是控制行政、立法、司法等國家機器，
它一定會通過意識型態、文化運作的領域，為
它所控制之國家機器作合理性的辯護。在葛蘭
西看來，市民社會發揮了悍衛統治階級國家機
器的堡壘作用。如果要取得政權、要在西方社
會進行共產革命，一定要先把支撐國家統治機
器的堡壘擊碎。

根據上述的分析，總結葛蘭西的觀點如
下：

首先，爭奪市民社會的主導權即是一種「位
置之戰」，即在改變統治階級與革命者在上層
建築的角色與地位。其次，進而在政治社會取
得正式政權與權力的，稱為「運動戰」。運動戰
本身不是直接等同於暴力，運動戰本身一定要

通過位置之戰，獲得運動戰的基礎之後，才能成功。運動戰不等於直接的暴力衝突或武裝鬥爭；如果將二者等同起來，就是一種封建主義的看法。

葛蘭西認為，他這種觀點可以讓馬克思主義更符合現代性。葛蘭西雖然指出，當代西方社會的統治階級在擁有政治社會的同時，它也會希望擁有市民社會的主導權；但是他並不認為，一個階級在擁有政治社會的宰制權之後，在邏輯上就一定會擁有市民社會的主導權。葛蘭西所要強調的是，當代社會的統治者在擁有政治社會的宰制權之後，它會進一步奪取市民社會的主導權，進而讓市民社會為其政治社會的統治權辯護。

所以就葛蘭西看來，在當代社會裡，對統治者而言，市民社會永遠都是其統治結構中最薄弱的環節。因為政治社會的宰制與市民社會主導權之間，並不存在邏輯上的必然連結關係。所以葛蘭西強調，革命運動過程中市民社會主導權爭奪的重要性。

二、市民社會概念的應用：從市民社會的概念省思波蘭與中國大陸的發展

　　自一九七○年代以來，波蘭的民間或工人抗議運動，是在新進化或新演化主義的旗幟下來進行的。所謂「新演化主義」（New Evolutionism）概念，是指波蘭人民並不強調在波蘭共產黨所控制的黨國機器領域之外，再去追求型塑另一個獨立自主的領域。波蘭人民認爲，企圖在國家機器之外創造另一個獨立自主的空間，是一種不切實際的、浪漫的幻想，同時會使社會抗議運動遭受到無情的鎭壓。因此波蘭人民的策略是，要在共產黨控制的黨國機器領域之內去尋求民主自由的可能性❶。

　　波蘭人民認爲，共黨國家所強調的民主集中，也是一種民衆政治參與的方式。在波蘭的抗議運動中，他們認爲應循著共黨國家所標榜之民主集中制所允許的民衆參與管道，從事爭取相對黨國機器的自主性。他們認爲，進入黨

國機器所控制的領域內爭取抗議運動的自主
性，在現實上才不會被認爲是對黨國機器的直
接挑戰。亦即在體制內尋找相對於波蘭共黨的
獨立性，而不是在體制外去尋找相對於黨國機
器之獨立的公共空間。

　　波蘭人民認爲，只有遵循利用共黨所標榜
的民主集中制，在體制內創造讓民眾參與的政
治管道，才可能逐步漸進地在共黨黨國機器控
制內部去爭取抗議運動所應具有的自主性。亦
即波蘭人民希望將體制內之民主集中制下民眾
參與政治的管道，轉而爲反抗運動所用。並通
過此種方式，在體制內爭取建立具自主性之反
抗運動的政治組織或政治地位和角色。如此一
來，才能從共產黨所控制的黨國機器中解放出
來，也才可能在政治社會宰制下，進行市民社
會主導權的爭奪，甚至進一步創造獨立的公共
領域；並在取得市民社會的主導權之後，反過
來奪取政治社會的權力和政權❷。

　　新進化主義的觀點是因應共黨國家在波蘭
所建立的政治結構、或現實的政治環境而來

的。在新進化主義者的認知下，共產黨在波蘭
所建立的社會結構、制度環境有以下幾個特
點：第一，上層建築與經濟基礎的界限，基本
上是不存在的；不管在方法論上或是在實踐
上，都充斥著黨國機器控制的痕跡。第二，國
家與社會是完全被納入共產黨的控制之下，國
家與社會在現實上是沒有區隔的。就新進化主
義者的認知當中，波蘭國家與社會的分野只是
存在於文件上或憲法條文中；在現實之中，國
家與社會是沒有區隔的。新進化主義者認為，
共產黨在波蘭所建立的政治結構是：通過軍
隊、秘密警察及其它的情治系統的掌握，建立
了具有強制力之政治社會的宰制權；並通過這
種政治社會的宰制權，進一步掌握科學、文化、
藝術及其它種種上層建築意識型態的霸權。所
以就抗議運動者看來，葛蘭西對西方國家所描
述的情景反而在波蘭最能夠表現出來。因此葛
蘭西的市民社會理論，成為波蘭抗議運動所汲
取的養份❸。

　　在葛蘭西市民社會理論中，將市民社會與

國家區隔開來具有何種實際意義？把此種區隔
放到波蘭非共化過程的研究中，又能帶給我們
什麼樣的啓示？

　　依照一般性的解釋，從七○年代以來隨著
波蘭工人運動的發展，在波蘭是先有市民社會
的出現，並通過市民社會的發展與運作，進而
與波蘭共產黨爭奪政治社會的領導權。也就
說，直到一九八○年團結工聯被視爲是一合法
的組織之前，波蘭共黨政權的政治宰制地位，
從來就沒有受到挑戰，只是在市民社會的文
化、意識型態霸權受到衝擊與挑戰。換言之，
就一般人的認知，隨著工人運動的開展與社會
抗議運動的實踐，波蘭是先有市民社會，然後
再去挑戰波蘭政權的文化霸權，進而使波蘭的
工人運動穩定地發展，最後逼使波蘭共產黨讓
出政權。

　　上述這類的觀點是值得商榷的。七○年代
以來波蘭社會抗議運動及工運的發展，其實在
一定程度上已經挑戰而且觸動了波蘭共產黨對
國家機器的宰制權，同時更營造出可以避開共

黨黨國機器宰制權的公共空間；亦即具相對自主性之政治社會已嚴然成形。所以在八〇年團結工聯被正式視爲是一合法的組織之前，以工運爲主體的波蘭抗議力量已經創造出一個具有相對於黨國機器之自主性政治社會；而這種政治社會的出現，才進一步促成市民社會組織性、系統性的發展。

　　根據波蘭抗議運動的發展可以證明，只有在相對自主性之政治社會出現後，才能保證波蘭人民可以站在他們本身的利益及團體的利益基礎之上去批評政府的政策。這樣市民社會的形構才有可能。因此嚴格說來，不能說八〇年代團結工聯在正式被合法化之前，波蘭就有市民社會的存在或再生。應該說波蘭的社會運動抗議力量先挑戰觸動波蘭共黨國家機器的政治宰制權，先創造了相對黨國機器之自主性的政治社會這樣的公共活動領域；然後通過八〇年代團結工聯的被合法化，此一公共活動領域進一步也就獲得了確保。並且在此一基礎上，波蘭市民社會的形成和發展才有可能。波蘭的例

子說明了，一個相對於黨國機器而具有自主性的政治社會，它在實踐的邏輯上是優於市民社會的出現與發展❹。

　　然而波蘭抗議運動的形成與發展，是否可以將時空背景置放在中國大陸的政治發展過程中，作為研究的依據呢？

　　根據波蘭的例子，中國大陸如果要有挑戰中共黨國機器文化霸權之市民社會的出現，在一定程度上仍然必須要先形成能夠挑戰觸動中共黨國機器政治宰制之政治社會的出現，然後才能保證市民社會的形成與發展。波蘭的經驗對中國大陸的研究，應該具有高度的參考價值。

三、市民社會理論的重構

　　列寧主義模式告訴我們，區隔國家與市民社會的作法其實是毫無意義的，在列寧主義的模式中、特別是史達林模式，國家與社會之間

是被一體化的；在國家與社會一體化的同時，
它是以政治和經濟一體化爲基礎。在此種情況
下，黨國機器與社會的區隔，只容見於憲法文
字或黨章的記載；就現實層面而言，黨國機器
與社會的區隔是毫無意義的。在理論層次上及
實踐意義上，國家機器與社會都是被視爲一體
化的。

　　儘管如此，波蘭非共化的經驗不僅要讓人
進一步去追問，列寧主義與史達林主義的實踐
模式下，社會的反抗力量以及自主之政治社會
的形構是如何出現的？

　　史達林去世後，具嚴格意義的極權主義的
實踐模式已經不存在，而且從共產主義運動的
歷史向度看，在史達林死後，列寧和史達林的
極權主義的合理性辯護基礎受到很大的撞擊。

　　在赫魯雪夫批判史達林後，以蘇聯爲中心
的極權主義模式，在其它共產國家適用的合理
性也受到懷疑，其中正涉及到極權國家民族主
義意識抬頭的問題。即史達林死後，其他共黨
國家，在民族意識的主導下企圖走出一條後史

達林或後列寧主義的道路。東歐原來即深受到
西方政治傳統的影響，再配合羅馬天主教的運
作（波蘭雖在一九五六年成爲共黨國家，但它
允許天主教會在波蘭擁有高度的自主權），史
達林死後，在東歐，尤其是波蘭，其固有的民
間社會的宗教力量重新抬頭。如此，史達林的
實踐模式在他死後已喪失了在其他共黨國家具
體實踐的現實與條件。此外，也涉及到共黨國
家由於本身極權主義的行使產生特權、腐化，
並導致民衆對共黨國家政治體制的正當性與合
理性質疑的問題。

　　進一步而言，如何把波蘭實際的發展情況
和葛蘭西的理論對照，以重新發展出新的觀點
與概念呢？這其中涉及到兩個問題：第一，葛
蘭西與馬克思及列寧三者理論分析的差異；第
二，將波蘭的實際經驗對照檢查葛蘭西的理
論，然後進一步評估列寧與馬克思的觀點，在
波蘭的實際經驗中，是否較葛蘭西的理論具說
服力。

　　就葛蘭西與列寧、馬克思三者之間理論的

關聯性而言，葛蘭西在處理經濟基礎與上層建築時，走的不是一條自然主義或經濟主義的道路。他並非從簡單的因果關係去理解上層建築與經濟基礎之間的關係，亦即他並未將經濟基礎視爲因，而將上層建築當成果。葛蘭西認爲，要瞭解經濟基礎與上層建築之間的關聯性，必須從歷史階段中主體之實踐行動來加以理解。葛蘭西指出，歷史主體或團體是在上層建築中去實踐、去操作，去追求一個屬於他們集體利益和目標，並通過此一實踐過程而凝聚集體的意義。在歷史主體的實踐過程中，他們也會以所掌握之經濟基礎作爲實踐的支撐力量。

　　換言之，作爲行動主體的這些力量，他們一定要在上層建築中去體現他們的集體自由，然後以此去展現集體的意志。同時在此一過程中，他們即以所掌握之客觀經濟基礎作爲自我實踐的工具和手段。由此可以看出，在葛蘭西的分析架構中，經濟基礎與上層建築之間，並非是一種簡單的因果關係。因此對葛蘭西而言，經濟基礎不具有第一優位的角色，上層建

築也不是作爲經濟基礎的附屬品。在葛蘭西的
分析中，我們幾乎看不到手段和目標之間簡單
因果關係的看法❺。

　　值得注意的是，葛蘭西認爲當歷史的主體
在上層建築的領域中，追求集體的利益、體現
集體的自由，同時以客觀的經濟基礎爲實踐的
手段，也必須以上層建築中的文化、意識型態
領域作爲中介力量。換言之，上層建築的文化、
意識型態領域，是作爲歷史行動主體體現它們
集體意志和集體自由、以及掌握經濟基礎的重
要中介力量。

　　在馬克思的理論中，他強調掌握物質生產
資料的所有權，就可以掌握政治宰制權，進而
控制精神生產資料的主導權。亦即馬克思認
爲，擁有經濟優勢的階級，自然就可以擁有意
識型態的主導權。但是葛蘭西的看法並不相
同。葛蘭西認爲，意識型態主導權的獲得，在
邏輯上和實踐上，都先於政治制度的設計，亦
即一個階級必須先通過擁有意識型態的主導
權，然後政治制度的設計才會成爲可能。但在

馬克思看來，政治制度的設計在理論上和實踐
上，都是作爲一個階級體現它意識型態主導權
的先決條件。

列寧則是認爲，具體權力的取得，不管是
在理論上或是在實踐的過程中，都優於意識型
態的主導權。換言之，列寧認爲，一個階級必
須先取得權力，才有必要通過意識型態主導權
的爭奪，爲權力的合理性與正當性作辯護。亦
即意識型態主導權的行使，只是爲了替權力的
合理性與合法性的辯護而服務；意識型態主導
權是爲權力合理性與合法性辯護之重要的環
節。伴隨此論點而來的，列寧認爲政治強制力
的行使，不管是在理論上和實踐上都優於意識
型態主導權的行使；意識型態主導權的行使，
反過來只是替政治強制力行使的正當性與合理
化作辯護。

但是葛蘭西的觀點與列寧並不相同。葛蘭
西認爲意識型態主導權的行使，不管是在理論
上和實踐上都應優於政治強制力的行使。換言
之，葛蘭西認爲，一個階級必須在還沒有實際

的權力及實際的行動支撐下，就必須先取得意
識型態的主導權。如此一來，才能讓它所要取
得的權力及制度設計能具有必要的合理性與正
當性，而讓權力與制度的設計成爲順天應人的
舉動。

根據上述，那麼葛蘭西所謂取得文化意識
型態主導權的意義爲何？

所謂文化意識型態主導權的取得，意指掌
握社會人心，進而轉變社會大衆的道德、倫理
意識結構的內容與運作方式。也就是說，社會
大衆的生活實踐或思想運作，都是自覺或不自
覺地依照某個階級所標榜之理念或思維模式去
運作。當一個階級所揭櫫的理念或思維模式能
進入到社會大衆的生活實踐或思維運作的過程
中時，即代表一種新的歷史力量的創造，也就
是說新一代人的出現。而革命運動必須以新人
來配套。

依照葛蘭西的推論，革命就不只是單純取
得政治權力而已，也不是重新創造新的政治制
度。革命必須以新的歷史力量或新人來配套。

若非如此，就是一種假革命，只是一種取得政
權或權力的虛假革命，亦即只是建立在旣存的
現實制度基礎之上、或犧牲大衆利益基礎的假
革命。眞正的革命，必須要改變人的思想運作
模式，改變人的陳腐觀念。具體而言，葛蘭西
心目中的眞正革命，是一種歷史觀與世界觀的
變革，只有觸及世界觀與歷史觀的革命，才是
眞正觸動、引導歷史變革的眞正革命。

　　就波蘭的經驗而言，七〇年代社會抗議運
動的發展，在羅馬天主敎系統的幫助下，隨著
政治社會的出現，保證了市民社會的形成與發
展。而當一九八〇年代波蘭團結工聯地位的合
法化後，波蘭市民社會才眞正獲得重生，並且
進一步對黨國機器意識型態的主導權產生結構
性的撞擊。葛蘭西通過實踐的角度去理解經濟
基礎、上層建築及市民社會三者之間的關係，
此種理解方式是否合理，這仍是一個有待商榷
的問題。基本上，波蘭在七〇年代以來的社會
抗議力量並沒有一定客觀經濟基礎的支撐，也
沒有市民社會作爲中介的力量，它創造了一個

相對黨國機器宰制權而具有自主性的政治社
會。以上的論述都是值得吾人進一步研究和討
論。

四、市民社會與國家區隔的意涵

　　西方學界將國家與市民社會的範疇區隔開
來的作法，具有三種主要用意：

第一，作爲分析描述的用途

　　此用途是作爲對某種制度或社會體系的起
源、過程、互動的描述。將國家與市民社會區
隔開來，基本上作爲是一種理想型的分析模
式，用以描述社會體系之社會、政治等面向的
發展過程，並爲此一過程提供詮釋分析的架
構。因此將市民社會與國家的區隔，視爲分析
描述政治社會現象的工具，往往要配合著一些
實證性的證據❻。

第二，具有明顯的政治策略意涵

　　即把國家與市民社會的區隔，視爲是一種

策略性的輔助手段，服從於某種政治目標。例
如，社會中的反抗力量可以刻意地被宣傳是社
會的代言人，然後把所代表的這一股力量稱爲
市民社會；然後再把統治階級視爲掌握國家機
器的力量，最後把雙方區隔開來，並通過這種
區隔批判統治階級的不是。市民社會與國家的
區隔是可以作爲政治策略選擇的一環，然而不
只是社會反抗力量可以運用它，掌握黨國機器
的統治階級也可以運用它❼。

第三，作爲一種規範的意義

有一些人將國家與市民社會區隔，是具有
政治多元主義意義。一方面不希望取消國家的
存在，但另一方面又不希望國家機器的力量過
度擴展。這種認知具有規範性的意義，體現對
政治多元主義的期望❽。

通常把市民社會與國家兩個範疇分開，都
脫離不了以上三種用意，把市民社會的概念應
用到對波蘭或中國大陸的分析，也脫離不了這
三種涵意。

註　釋

❶John Keane ed., *Civil Society and the State,* Verso, 1988, p.362.

❷Ibid..

❸Ibid., p.366.

❹Ibid., pp.368～371.

❺Ibid., pp.92～93.

❻Ibid., p.14.

❼Ibid., pp.21～22.

❽Ibid., pp.27～28.

中共研究方法論　文化手邊冊 27

著　　者☞李英明

出 版 者☞揚智文化事業股份有限公司

發 行 人☞葉忠賢

責任編輯☞賴筱彌

登 記 證☞局版北市業字第 1117 號

地　　址☞台北市新生南路三段 88 號 5 樓之 6

電　　話☞886-2-23660309　886-2-23660313

傳　　真☞886-2-23660310

郵政劃撥☞14534976

印　　刷☞偉勵彩色印刷股份有限公司

法律顧問☞北辰著作權事務所　蕭雄淋律師

初版二刷☞1998 年 5 月

定　　價☞新台幣 150 元

ＩＳＢＮ☞957-9272-57-3

E-mail☞ufx0309@ms13.hinet.net

南區總經銷☞昱泓圖書有限公司

地　　址☞嘉義市通化四街 45 號

電　　話☞(05)231-1949　231-1572

傳　　真☞(05)231-1002

國家圖書館出版品預行編目資料

中共研究方法論＝*Methodology of Communist China Studies*／李英明著.

--初版. --臺北市:揚智文化, *1996*〔民*85*〕

面； 公分. --（文化手邊冊；*27*）

含參考書目

ISBN 957-9272-57-3(平裝)

1.中共政權-研究方法　2.政治-中國大

陸　3.經濟-中國大陸

574.1　　　　　　　　　　　　85003391